Hosokawa Shinsuke

Zen-Worte und Ghibli

Angkor Verlag

Zen-Worte und Ghibli./Hosokawa, Shinsuke. Aus dem Japanischen von Susanne König. – Frankfurt: Angkor Verlag 2022.

First published in Japan by Studio Ghibli Inc.

Cover (front calligraphy) and interior illustrations by Suzuki Toshio

Acknowledgement for „Jūgyūzu“ (Zehn Ochsenbilder):
Collection of Shōkokuji

Cover (Endgestaltung): Ray Rubeque. Redaktion: Keller.

Dank an Muhō für einige Erläuterungen.

Website des Verlages: www.angkor-verlag.de

Printed in Germany

ISBN: 978-3-943839-77-7

Inhalt

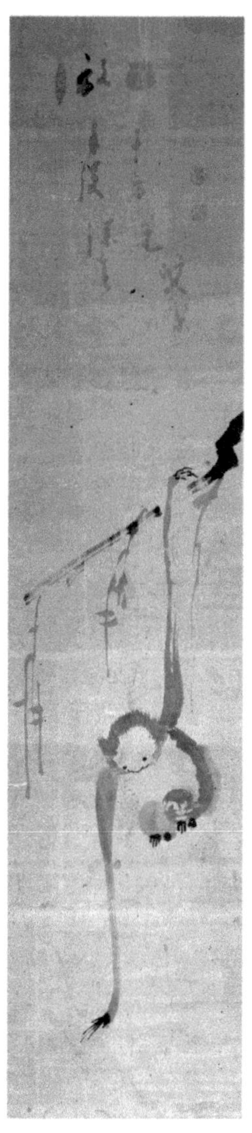

Zen-Meister Hakuin: „Ein Affe fängt den Mond“ (Ausschnitt) –
Im Besitz des Ryūunji.

I

Bodhidharmas „Nicht-Wissen" und *Prinzessin Mononoke*

Ich bin Mönch des Zen-Buddhismus, genauer gesagt aus der Rinzai-Sekte. Der Tempel, für den ich als zwölfter Abt Sorge trage, ist der Daitakusan-Ryūunji in Tokyo im Bezirk Setagaya. Während der Edo-Zeit (1603–1868), noch zu Lebzeiten der 47 Samurai, und zwar im Jahre 1699 wurde dieser Zen-Tempel errichtet.

Bis vor neun Jahren war ich in einer Übungshalle (jap. *dōjō*) in Kyoto, um mich in den buddhistischen Übungen zu schulen. Ab meinem 22. Lebensjahr hatte ich über neun Jahre hinweg jeden Tag meine Zeit der Sitz-Meditation (jap. *zazen*) und den „Lehrgesprächen zwischen Meister und Schüler" (jap. *zenmondō*) gewidmet, um durch diese Ausbildung, die sogenannte „Erleuchtung durch Zen" (jap. *zen no satori*) zu erlangen. Da ich einzig und allein nur diese Dinge über einen langen Zeitraum hinweg geübt habe, scheint es vielleicht so, dass ich mir in dieser Zeit wirklich viel angeeignet hätte. In der Tat habe ich sogar gelernt, mir Sesam-Tofu zuzubereiten, zu nähen und auf einem Acker Gemüse anzubauen. Aber in Wahrheit hatte ich neun Jahre lang tief in mir das Gefühl ich könne gar nichts.

Zazen diente mir nicht dazu, etwas zu können, sondern meine eigenen Kenntnisse und Erfahrungen über Bord zu werfen. Da für gewöhnlich Studien und Übungen das Ziel verfolgen, sich eine Technik anzueignen, kommt auch nichts zustande, wenn da gar nichts ist, was man erlernen kann. Doch mit der Zen-Ausbildung verhält es sich anders.

Während ich immer wieder übte, mein Selbst abzuwerfen, stellte ich etwas fest. Und zwar, dass es in Japan vier Jahreszeiten (jap. *shiki*) gibt und jede wiederum aus „Zeiten, wo ein bestimmtes Obst oder Gemüse reif ist“ (jap. *shun*), bestand. Das Leben im Dōjō, wo es keine Klimaanlagen und noch nicht einmal Steckdosen gab, hatte mich gelehrt, dass ich in meinem bisherigen äußerst bequemen Leben kein Gefühl für die Jahreszeiten entwickelt hatte. Es geht nicht darum, erneut zu entdecken, was man bisher nicht hatte, sondern das, was man übersehen hat, wiederzuerkennen, und dies erfolgt durch die Schulungen des Zen.

Beispielsweise um die in voller Blüte stehenden Blumen zu entdecken, die man entlang des Weges tagein tagaus übersah, weil man ständig tief versunken auf den Bildschirm seines Smartphone starrte.

Wenn man einmal von etwas loslässt und kurz innehält, kann man seine wahre innere Einstellung wahrnehmen, die von der alltäglichen Geschäftigkeit und den unaufhörlich hintereinander eingehenden Informationen verschüttet ist.

Als ich meiner Zen-Ausbildung ein Ende setzte, kehrte ich nach Tokyo in meinen Tempel zurück und hielt voller Tatendrang Treffen für Zen-Meditationen u. ä. ab, um *Zen zu vermitteln*. Dank einer Fernsehsendung, die auch dazugehörte, kam es zu einer unerwarteten Begegnung.

Das war das Treffen mit Suzuki Toshio vom Studio Ghibli. Suzuki hatte diese Fernsehsendung, in der ich Zazen erklärt hatte, gesehen und schlug mich daraufhin bei einer gewissen Zeitschrift als seinen Gesprächspartner vor. Um die Wahrheit zu sagen, für mich als großen Fan der Ghibli-Filme waren dies äußerst erfreuliche Neuigkeiten, zumal man eine Extraausgabe herausbringen wollte.

Ich bin 1979 geboren und jedes Mal, wenn in meiner Kindheit ein Ghibli-Film herauskam, freute ich mich. Das war immer ein Familienereignis. Von allen gefällt mir *Prinzessin Mononoke* (jap. *Mononoke hime*) am allerbesten. So sehr, dass ich zum ersten Mal in meinem Leben allein ins Kino gegangen war, um denselben Film noch einmal zu sehen. Bei jedem Ghibli-Film kann ich sagen, dass ich das Kino mit einem lebensbejahenden Gefühl verließ, was für mich ein wundersames Mysterium ist.

Das erste Treffen mit Suzuki Toshio bedeutete für mich als Fan natürlich eine ständige Anspannung. Die vielen Gespräche über einen langen Zeitraum hinweg machten dann wirklich Spaß und auch für mich als Zen-Mönch brachten sie viele neue Erkenntnisse. Suzukis freie und ungebundene Lebensweise nach dem Motto „das Jetzt zählt" (jap. *ima ga daiji*), trifft die Lehre des Zen genau, so kam es mir in den Sinn.

Auch wenn ich hier abschweife, ich nahm all meinen Mut zusammen und stellte selbst solche Fragen, die mich schon immer beschäftigt hatten, wie: „Warum konnte Jiji aus ‚Kikis kleiner Lieferservice' nicht mehr sprechen?"

Solche Begegnungen gab es also, und so dachte ich mir, dass die Botschaft, die allen Ghibli-Filmen gemein ist, lautet: „Das menschliche Dasein ist es wert zu leben." Die Zen-Worte, man solle sein Leben in unmittelbarer Zukunft schätzen, stehen dazu gewiss irgendwie miteinander in Verbindung, woraufhin Suzuki mich zu diesem Buch mit dem Titel *Zen-Worte und Ghibli* anregte. Ich bete dafür, dass das ein oder andere dieser Worte zu Ihrer Lebensstütze wird.

*

An Neujahr hängt bei uns im Zen-Tempel für gewöhnlich in der Tokonoma-Nische ein Bodhidharma-Bild. In der kristallklaren Kälte des Januars ist die Gestalt des Bodhidharma mit seinem unheimlichen, durchdringenden Blick und seiner würdevollen Erscheinung ziemlich präsent. Bodhidharma (?–528?) war ein bekannter Mönch, von dem man annimmt, dass er Zen von Indien nach China brachte, weshalb er als Urahn des Zen-Buddhismus bezeichnet wird. Im japanischen Alltag sind wir beispielsweise mit dem scharlachroten Daruma vertraut, dem man ein Auge ausmalt, nachdem man bei einer Wahl gewonnen hat, oder mit dem Kinderspiel *Daruma-fällt-um*[1]. Bodhidharma-Bilder wurden in Japan eigentlich von Mönchen gemalt, die sich darauf spezialisiert hatten, Zeichnungen anzufertigen. Es ist anzunehmen, dass sie als Utensilien für buddhistische Rituale verwendet wurden, und ab einer gewissen Zeit dann, um „die Zen-Lehre, die mit Worten unmöglich ausgedrückt werden kann", zu übermitteln, was als „Unabhängigkeit vom Schrifttum" (jap. *furyū monji*) bezeichnet wird.

Unter den Zen-Mönchen, die charakteristische Bodhidharma-Bilder malten, war auch der Zen-Meister Hakuin Ekaku, der in der Edo-Zeit wirkte. So zeichnete Hakuin Zen-Bilder (jap. *zenga*), um die Zen-Lehre im gemeinen Volk zu verbreiten, und schuf damit großartige buddhistische Malerei, die weithin verehrt wurde. Von diesen Bildern sind noch heute einige erhalten.

Das Dasein von Bodhidharma wurde überliefert, doch es sind die Anekdoten über ihn, die heute vermittelt werden, da sie zur wichtigen Lehre im Zen-Buddhismus geworden sind.

Der damalige Kaiser empfing Bodhidharma, der von Indien auf dem Seeweg nach China gelangt war, voller Freude und

Begeisterung. Dieser Kaiser hieß Wu Di und entstammte der Liang-Dynastie. Wu Di bekannte sich zum Buddhismus und wurde vom Volk als „Kaiser der Barmherzigkeit" verehrt.

Es war so, dass Wu Di Bodhidharma irgendwann an den Kaiserhof der damaligen Hauptstadt Jinling (heute Nanjing) einlud, um ihm Fragen zu stellen.

„Ich habe bisher viele Tempel errichtet und buddhistische Mönche ausgebildet. Welches Verdienst kann ich damit erlangen?", fragte Wu Di.

Es ist denkbar, dass in dieser Frage seine nächste Überlegung vermutlich enthalten war. Wu Di wollte wohl durch den Mönch Bodhidharma, der aus Indien gekommen war, die schicksalhafte Vergeltung für seine eigenen guten Taten bestätigt bekommen. Doch derlei Hintergedanken wurden durch die schockierende Antwort von Bodhidharma vollständig ausgelöscht.

Bodhidharma ließ ihn abblitzen: „Kein Verdienst." Für Wu Dis Taten würde niemand eine schicksalhafte Vergeltung erhalten. Wie nützlich ist schon eine gute Tat, die dem Wunsch nach Vorteil folgt? Es heißt, dass weltliche Begierden – wie gelobt und anerkannt zu werden – aus freundlich gesinnten Taten böse Taten machen. Kurzum, Wu Dis Taten waren schließlich nichts weiter als eigennützige Angelegenheiten. Bodhidharma durchschaute dieses Verhalten, nur das eigene Verlangen zufriedenzustellen und zu versuchen, sich im Namen des Glaubens zu glorifizieren.

Wu Di, dem die erhoffte Antwort verwehrt blieb, wiederholte die Frage: „Was ist denn das wahre Wesen des Zen?" Im Gegensatz dazu stellte Bodhidharma klar: „Zustand der Leere und nichts Heiliges." „Zustand der Leere" bedeutet, eine unbefangen offene Gemütsverfassung von absoluter Gelassenheit an den Tag zu legen, die an nichts festhält. Mit absoluter Gelassenheit ist gemeint, entschieden zu erklären, dass sowohl heilige als auch gewöhnliche Dinge keines Vergleichs bedürfen. Wu Di, dem gesagt worden war, dass er kein buddhistischer Heiliger werden konnte, was er aber angestrebt hatte, konnte dies unter keinen Umständen akzeptieren. Denn damit waren all seine bisherigen Taten nichtig. Also fragte er Bodhidharma: „Wer bist du, der hier vor mir steht?"

Bodhidharma entgegnete ihm mit einem Wort: „Nicht-Wissen."

Dieses Wort „Nicht-Wissen" (jap. *fushiki*) bedeutet: „Das weiß ich nicht." Doch in der Auslegung des Zen ist es damit nicht getan. Indem Bodhidharma „Nicht-Wissen" sagte, bezweckte er, dass Wu Di sich seines tief verwurzelten Anhaftens entledigte.

Bedauerlicherweise hält der Mensch stur am Denken in zwei Kategorien fest, heilig gegenüber gewöhnlich, Leben und Tod, Sein oder Nichtsein, Lieben im Gegensatz zu Hassen. Im Zen vermeidet man jedenfalls diese geistige Konzentration auf zwei gegensätzliche Objekte. Ohne von den Kenntnissen und Fähigkeiten verleitet zu werden, die man sich im Laufe seines Lebens angeeignet hat, also indem man diese vollständig über Bord wirft, kann man sich Nicht-Wissen, wie es im Zen bezeichnet wird, zu eigen machen.

*

Ein Höhepunkt des Films *Prinzessin Mononoke* ist die Szene, in der die Wölfin Moro den Protagonisten Ashitaka fragte: „Kann San[2] von Euch gerettet werden?" Moro drängte Ashitaka, ob er nicht die arme San, die weder ganz Wolf noch ganz Mensch ist, retten kann. Diese war als Baby von Menschen, die in die Berge eingedrungen waren, Moro vor ihre Pfoten geworfen worden, um ihr eigenes Leben zu retten.

An dieser Stelle wollen wir den coolen Helden dieser Geschichte entschlossen sagen hören: „Ich kann sie retten!“ Sollten wir ihn hier nicht gar das Futur „Ich werde sie retten!“ verwenden lassen, womit er ein weitaus größeres Zugeständnis machen würde?

Angenommen ich hätte eine Tochter und ihr Verlobter wäre gekommen, um mich zu treffen. Was wäre wohl, wenn ich ihn fragte: „Werden Sie mir meine Tochter auch glücklich machen?“, und er antwortete daraufhin: „Ich weiß nicht“? Diese Antwort empfände ich als ziemlich unbefriedigend.

Ashitaka antwortete auf Moros Frage unmissverständlich mit: „Ich weiß es nicht.“ Ich glaube, dass genau diese Textzeile in Zusammenhang mit Bodhidharmas Nicht-Wissen steht. Ich denke, besonders dieses Wort transzendiert die geistige Konzentration auf den Gegensatz von Wissen und Nicht-Wissen.

Wenn wir zurückdenken, wie oft konnten wir wohl mit voller Überzeugung sagen, dass wir es wissen? Gibt es die Hölle? Gibt es das Paradies? Bis wann reicht die eigene Lebensdauer? Wenn man einmal anfängt, darüber nachzudenken, ist es dann nicht so, dass unser menschliches Dasein aus vielen Dingen besteht, die wir nicht wissen? Letztlich wissen wir nicht, ob wir morgen überhaupt noch leben, und ganz ehrlich, nicht einmal das Wetter von morgen kennen wir.

Auf dem Krankenlager stellte sich der verletzte Ashitaka dann seinem Selbst. Was braucht es wohl zu Sans Wohlergehen? Gibt es keinen Weg, damit Mensch und Natur in Frieden miteinander leben? Er stellte sich der schwierigen Frage nach dem Sinn des Lebens, die sich ihm förmlich aufdrängte, und war nicht vielleicht die Antwort, die sich Ashitaka herleitete: „Ich weiß es nicht"? Doch sein Enthusiasmus endete nicht damit, dass Ashitaka lediglich „Ich weiß es nicht" antwortete. Er fuhr fort: „Aber wir können miteinander leben."

Ich hatte einmal in einer Fernsehsendung einen Bericht über eine Telefonzelle gesehen, die in der Präfektur Iwate aufgestellt worden war, und zwar in Otsuchi, das bei dem schweren Erdbeben in Ostjapan[3] großen Schaden genommen hatte.

In dieser Telefonzelle, die auf den Namen „Windtelefon" getauft worden war, stand einzig ein schwarzes Telefon, das an keine Telefonleitung angeschlossen war. Es hieß, ursprünglich hatte der Eigentümer des Telefons diese Telefonzelle für sich selbst gebaut, um mit seinem Cousin zu sprechen, der ihm nahegestanden hatte und bei dem schlimmen Erdbeben im Vorjahr ums Leben gekommen war.

Die Erdbebenkatastrophe war geschehen, die Zeit weitergegangen, und inzwischen haben viele Menschen das „Windtelefon" aufgesucht. An jenem Tag wandte sich unter anderem eine Frau an das Telefon, die ihrem Ehemann ein letztes „Auf Wiedersehen!" sagen wollte, und jemand, der zu einem geliebten Menschen sprechen wollte, von dem er sich im Streit getrennt hatte und mit dem er sich nicht mehr hatte aussöhnen können. Aus unterschiedlichen Beweggründen halten viele Menschen den Hörer des schwarzen Telefons, das mit keiner Telefonleitung verbunden ist, an ihr Ohr. Natürlich ist keine Stimme am anderen Ende der Leitung aus dem Hörer zu entnehmen, was man auch sagen mag.

Ob diese Stimmen diejenigen, die einem wichtig sind, wohl erreichen? Wenn ich darauf antworten sollte, dann kurz und knapp mit: „Ich weiß es nicht."

Auch wenn ich es nicht weiß, ich glaube daran, dass die Stimmen ankommen, und ich kann weiterleben, indem ich glaube, dass sie ankommen, denn das macht uns Menschen aus. Mit dem „Windtelefon" einem Verstorbenen seine Gedanken zukommen zu lassen, ist etwas Wichtiges, und ob sie in diesem Fall ankommen oder nicht ankommen sollte unerheblich sein.

Die Worte des Zen werden „Zen-Sprache" genannt, auch Bodhidharmas „Nicht-Wissen" gehört in diese Zen-Sprache. Zen-Sprache sind „Worte, für die man lebt" (jap. *ikita kotoba*), die weit über eintausend Jahre zurückreichen und mit denen sich zahlreiche Zen-Mönche mit all ihrer Kraft auseinandersetzten, indem sie sich strikten Schulungen unterzogen. Es sind Worte, die im Geiste nachhallen, sie bedeuten jemandes wahre Absicht und sind nicht leicht zu verstehen.

Ashitakas Antwort „Ich weiß es nicht" ist nichts Anderes als Worte aus seinem tiefsten Inneren, die wirklich über die geistige Konzentration auf zwei gegensätzliche Objekte hinausgehen, genau wie Bodhidharmas Nicht-Wissen. Ich meine, gerade weil Ashitaka von dem Punkt aus, der über die geistige Konzentration auf zwei gegensätzliche Objekte – wie bei Wissen und Nicht-Wissen – hinausgeht, konnte er antworten: „Aber wir können miteinander leben."

Leben und Tod, Sein und Nicht-Sein, Liebe und Hass ...

Zen meidet die geistige Konzentration auf zwei gegensätzliche Objekte.

Nur wenn man seine Kenntnisse und Erfahrungen, die man angesammelt hat, vollkommen über Bord wirft, kann man sich Nicht-Wissen zu eigen machen.

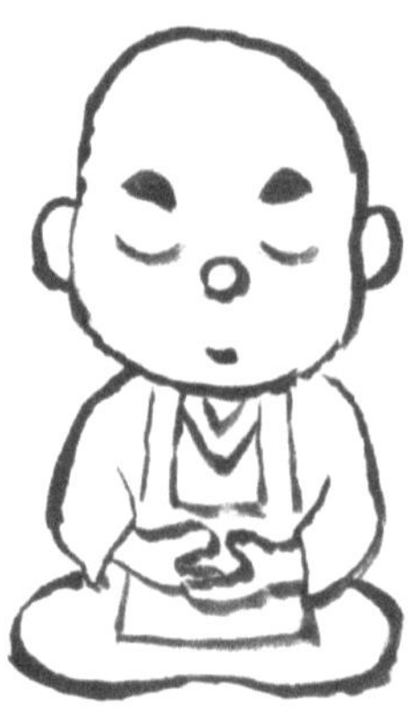

II

„Sieh bitte den Ausdruck in meinen Augen! Spüre den Kummer darin, der sich nicht in Worten ausdrücken lässt!" und *Die Chroniken von Erdsee*

Die Hitze des Sommers und die Kälte des Winters halten sich nur bis zur Tagundnachtgleiche. – Wenn sie im März bevorsteht, kommt mir dieses japanische Sprichwort wie von selbst über die Lippen. Es ist jedes Mal ein Wunder. Jeder Baum auf dem Tempelgelände überwindet die strenge Kälte des Winters, scheint den langersehnten Frühling willkommen zu heißen und sich auf ihn vorzubereiten. Beim Anblick der Knospen der fünfzig Jahre alten Yoshino-Kirsche geht mir förmlich das Herz auf.

Dasselbe Wort für die Tagundnachtgleiche bedeutet im Japanischen auch Nirwana (jap. *higan*), was dann ein buddhistischer Begriff ist. Wir, die im Diesseits mit vielen Leiden leben, erträumen uns ein Jenseits mit einer Idealwelt und nennen diese Nirwana.

Im Folgenden geht es darum, dass wir zwar hier im Diesseits mit all dem Leid leben, den Menschen aber dennoch unsere Vorstellungen über das Nirwana mitteilen wollen. Zudem möchte ich schildern, was ich beim Film *Die Chroniken von Erdsee* (jap. *Gedo senki*) empfand.

Über den Wolken, wenn es dämmert,
fliegt stets alleine
ein Falke, der gewiss traurig ist.

Im Wind, der alle Geräusche schluckt,
greifen seine Schwingen nach dem Himmel.
Niemals kann er sich ausruhen.

Womit lässt sich sein Herz vergleichen?
Dieses Herz eines Falken.
Womit lässt sich sein Herz vergleichen?
Mit der Traurigkeit, wie er am Himmel kreist.

Aus: *Therrus Lied*

Im Programmheft des Films *Die Chroniken von Erdsee* finden sich die folgenden Worte von Regisseur Miyazaki Gorō, der den Text zu diesem Lied verfasst hat:

„Bei *Therrus Lied* habe ich mich auf das Gedicht ‚Herz' (jap. *Kokoro*) von Hagiwara Sakutarō[4] bezogen. Die Protagonisten dieses Films sind alle allein, und diese Stimmung des Films findet sich in diesem Gedicht wieder. Der Mensch lebt nicht allein für sich. Selbst wenn man etwas von seinen Eltern übernommen hat, dann haben diese es wiederum von ihren Eltern. Früher oder später wird man selbst an die nach einem geborenen Menschen den Staffelstab weitergeben. Ich meine, wenn auf diese Weise verschiedene Menschen etwas miteinander teilen und erhalten, macht dies das Leben aus. Dieses Gefühl wollte ich sowohl in *Therrus Lied* als auch im Film vermitteln."

Ich liebe *Therrus Lied.* Denn immer, wenn ich es höre, kann ich spüren, dass man aufgrund vieler schicksalhafter Verbindungen weiterlebt, obwohl das Leben vielleicht wirklich einsam und traurig ist. Wie überlegen man auch sein mag, ob vom Verstand oder von seiner Kraft her, man kann nicht vollkommen allein leben. So ist auch jener besungene, erhabene Falke nicht ganz allein.

Ich halte es für sehr schwierig, womit sich das eigene Herz vergleichen lässt. Wie sollte man zum Beispiel wohl die erste Liebe mit Worten beschreiben? Mit bittersüß, oder hat sie den Geschmack von Calpis? Verschiedene Wörter kommen mir in den Sinn, doch unter tausend Menschen gibt es im Grunde unendlich viele Variationen, und genauso kann es sich bei der ersten Liebe und mit anderen Begriffen verhalten. Wenn man genauer darüber nachdenkt, so versteht man auch die erste Liebe erst dann, wenn man sie zum ersten Mal selbst erlebt hat. Vielleicht ist es nahezu unmöglich, diesen Begriff präzise in Worte zu fassen.

Aber der Mensch versucht sich auf die ein oder andere Art mit Worten auszudrücken. Aus welchem Grund? Es dient dem Zweck, die eigenen Gefühle und das, was man sagen möchte, jemand anderem zu übermitteln.

Mit Zen-Worten verhält es sich genauso. Es handelt sich um eine Sprache, um Begriffe des Zen auszudrücken, die man eigentlich nicht mit Worten wiedergeben kann. Dass etwas zu beschreiben, was sich nicht in Worte fassen lässt, auf einem großen Widerspruch beruht, macht das Vokabular des Zen aus. Deshalb handelt es sich vielleicht um merkwürdig anmutende Worte. Trotzdem haben viele Zen-Mönche über einen langen Zeitraum hinweg diese Zen-Worte ausformuliert und übermittelt. Damit zum einen die Nachwelt wenigstens ein wenig glücklicher leben kann, und zum anderen, damit die Mönche der nächsten Generation, die das Zen weitertragen, den Zustand der Erleuchtung (jap. *satori*) und die dazugehörigen Lebensumstände erreichen können. Ich glaube ganz fest daran, dass in den Zen-Worten derlei Mitgefühl enthalten ist. In der Tat gibt es an Gedanken, die Zen-Mönche übermitteln wollen, so viele Zen-Worte wie Sterne am Firmament.

*

Die Zen-Worte „Sieh bitte den Ausdruck in meinen Augen! Spüre den Kummer darin, der sich nicht in Worten ausdrücken lässt!" (jap. *Kimi miyō sōgen no iro, katarazareba ureinaki ni nitari*), die ich hier vorstelle, sind Worte, die einen dazu bringen, einmal über das Übermitteln nachzudenken. Anders formuliert bedeuten sie zunächst: „Wenn ich es nicht mit Worten ausdrücke, bin ich wohl scheinbar nicht traurig. Doch bitte, schau mir genau in die Augen!" Aber die Tiefe dieser Worte ist damit noch nicht erreicht. Die Schlussfolgerung von „Schau mir in die Augen und spüre dieses Gefühl, das ich nicht mit Worten ausdrücken kann!" können wir verstehen.

Hauptperson dieser Zen-Worte ist niemand, der seine eigenen Gedanken nicht in Worte fasst, sondern jemand, der so traurig ist, dass er es nicht mit Worten ausdrücken kann. Andererseits vergießt er keine unnötigen Tränen. Doch es ist seine inständige Bitte, dass man aus der kaum vorhandenen Trübung tief im Innersten seiner Augen seine unermesslich große Traurigkeit herausspüren kann, die man jedoch schnell übersieht, wenn man nicht genau hinschaut.

Für diese Zen-Worte ist der Zen-Meister Hakuin bekannt. Da sie aber, wenn man einmal genau nachschaut, in Schriften auftauchen, die bereits vor der Geburt dieses Zen-Meisters entstanden sind, kann er nicht der Urheber sein. Vermutlich handelt es sich um ein Liebesgedicht, das die Gefühle einer

Frau besingt, die einst jemanden in der Chūgoku-Region[5] liebte. Stellen wir uns diese Szene einmal vor. Beim Abschied einer Frau von ihrem Geliebten ist es ihr nicht möglich, ihre Traurigkeit weder mit Tränen noch mit Worten auszudrücken. Ist es ein Abschied von ihrem Geliebten, der in den Krieg zieht, oder ist es eine geheime Liebe, von der niemand in ihrem Umfeld etwas erfahren darf? Man erahnt ihren Wunsch, dass er ihre Gefühle, die sie für sich behält, spüren soll. Dass man selbst in diesem Liebesgedicht die Zen-Lehre zu entdecken vermag, spiegelt die Ungebundenheit des Zen wieder.

Bereits vor ein paar Jahren, als ich für die historische NHK-Serie „Die Burgherrin Naotora“ (jap. *Onna Jōshu Naotora*) als Zen-Berater tätig sein durfte, begegneten mir diese Worte ganz unerwartet. Takahashi Issei, der in dieser Serie Ono Matsutsugu spielte und auch in *Stimme des Herzens – Whisper of the Heart* der Rolle von Amasawa Seiji seine Stimme gab, hat diese Worte ernst genommen:

„Auf diese Zen-Worte gestoßen zu sein hat mich tief beeindruckt. Da ich dachte, es als Schauspieler ernsthaft angehen zu müssen, habe ich mir vor den Filmaufnahmen diese Worte abgeschrieben und eingerahmt.“[6]

Bis heute ist mir sein Gesichtsausdruck unvergesslich, als er mich einmal in einer Filmpause geradeheraus ansah und sagte: „Ich möchte so ein Schauspieler werden, wie es diese Worte beschreiben.“ Obwohl ein Schauspieler allem – dem Text, wie ihn sich der Drehbuchautor vorgestellt hat, der Kameraführung und Beleuchtung, Kostümen, Maske und und und –, seine absolute Wertschätzung entgegenbringt, kommt es letztlich darauf an, dass alles auf den Schauspieler ausgerichtet ist, der es wiederum allein mit seinem *Blick* vermag, dem Zuschauer etwas zu *vermitteln*. Ansonsten wäre wohl auch dieser Beitrag überflüssig – wenn ich nämlich über keinerlei Mittel verfügte mich auszudrücken, oder wenn Takahashi Issei keine Idee hätte, wie er seine Darstellungen anlegen sollte.

Schweigen, das in Drehbüchern mit „...“ ausgedrückt wird, bietet einem Schauspieler vielleicht die Gelegenheit zu zeigen, was er kann. Es geht nicht darum, dass man versucht etwas zu vermitteln, indem man einfach nichts sagt. Denn vermutlich kann man gar nichts sagen, weil es überhaupt nicht in Worte zu fassen ist, obwohl man das Gefühl hat, schier zu platzen, so sehr möchte man es mitteilen.

Während wir unsere Ängste, Trauer, Freude und Sorgen vor Anderen tief verborgen in unseren Herzen tragen, leben wir. Wir sagen nicht den ganzen Tag über zu Menschen irgendetwas, sondern tragen in unseren Herzen Dinge mit uns herum, die uns belasten, und verbringen so Tag für Tag. Mit anderen Worten, wir leben mit diesen Gefühlen im Einklang.

Um diese Gedanken zu vermitteln, verfügt derjenige, der etwas vermittelt, oder der sich Ausdrückende über verschiedenste Mittel. Denn Worte sind nur eine Möglichkeit, um ein Gefühl so gut es geht zu vermitteln.

Wenn man einmal Akutagawa Ryūnosukes Buch *Rashōmon* öffnet, das in der Taisho-Zeit (1912–1926) erschienen ist, fallen einem zuerst auf der Doppelseite die Worte „Sieh bitte den Ausdruck in meinen Augen! Spüre den Kummer darin, der sich nicht in Worten ausdrücken lässt!“ ins Auge. Während man sich noch wundert, was sie bedeuten sollen, blättert man weiter und scheint dabei den Atem anzuhalten. Denn hier steht: „Dem Geiste des ehrenwerten Natsume Sōseki gewidmet“. Ohne Zweifel war Natsume Sōseki für

Akutagawa Ryūnosuke unersetzlich. Es scheint sein innigster Wunsch gewesen zu sein, dass er mit diesem Werk Natsume Sōseki, der mit nur 49 Jahren verstorben war, unter anderem seine Achtung, Bewunderung und Trauer – alles Dinge, die nicht allein mit Schriftzeichen oder Lettern übermittelt werden können – mitteilen wollte.

Auch in *Die Chroniken von Erdsee* ist der Gedanke von Regisseur Miyazaki Gorō „Der Mensch lebt nicht allein für sich“ in *Therrus Lied* enthalten, um ihn uns zu vermitteln. Selbst ein Falke, den man so stark, kraftvoll und stolz mutterseelenallein am Himmel kreisen sieht, kann nicht allein leben. Trotzdem versuchen wir, die Ziellinie unseres eigenen Lebens unbedingt ganz allein erreichen zu wollen. Wir können jedoch damit aufhören, weiterzulaufen und die Zukunft zu beklagen, wenn wir mal zwischendurch müde geworden sind. Wer diese Denkweise ändern kann, dessen Sicht wird sich bestimmt ebenso verändern. Das Leben kommt einem Staffelmarathon gleich. Keinen Marathon, sondern einfach die Strecke zu laufen, die einem zugewiesen wurde, und dabei den Staffelstab, den man übernommen hat, gut festzuhalten, ist vollkommen ausreichend. Wenn man dann die Strecke, die einem vom Himmel vorgegeben wurde, bis zum Ende läuft, wird garantiert jemand den Staffelstab für einen übernehmen. So wie Akutagawa Ryūnosuke, der Natsume Sōsekis Vorhaben fortführte. Wenn man davon tief in seinem Herzen überzeugt ist, sollte man entspannt und von selbst laufen können. Und der Begriff Staffelstab beinhaltet zu viel, als dass man ihn allein mit Worten ausdrücken könnte. Es ist nichts Anderes als die Tiefe eines Blickes.

Sowohl Zen-Worte als auch Worte an sich haben keinen Zweck. Sie sind lediglich ein Mittel.

Auch Texte, Lieder, Gedichte in einem Film sind alles Worte. Was fühlt man hinter diesen Worten, und wie vermittelt man dann dieses Gefühl einem anderen? Bevor wir hier noch einen Schritt weitergehen, indem wir die Worte transzendieren, können wir die Herzen berühren, denn wir haben eine Vorstellung davon, was wir vermitteln möchten.

Einen Gedanken jemandem übermitteln zu wollen, bedeutet tagtäglich, dass man lebt.

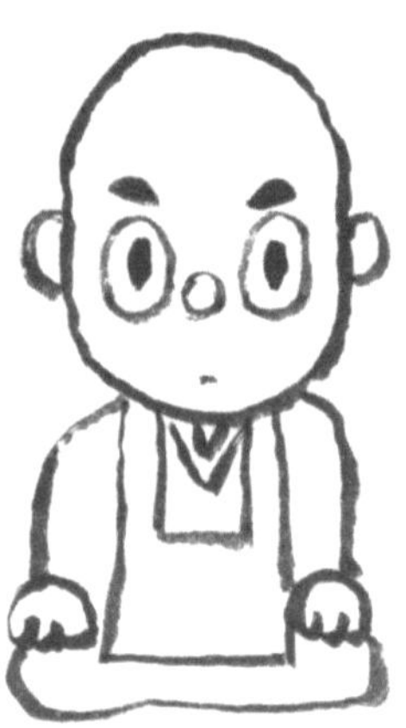

III

„Wenn nötig, sterben und nach dem Tod wieder ins Leben zurückkehren" und *Kikis kleiner Lieferservice*

„Bitte, flieg!" Ich vermute, alle haben vor den Bildschirmen in Gedanken dafür mitgebetet. Der Höhepunkt von *Kikis kleiner Lieferservice* (jap. *Majo no takkyūbin*) ist: Um den Jungen Tombo zu retten, der sich am Seil eines manövrierunfähigen Zeppelins festhält, setzt sich die Hauptperson Kiki, eine angehende Hexe, auf einen Straßenbesen und strengt sich gehörig an, ihn zum Fliegen zu bringen. Nach einem Moment der Stille, der mit angehaltenem Atem ewig dauert, obwohl es zeitlich gesehen nur wenige Sekunden sind, ruft Kiki: „Flieg!" und steigt in den weiten Himmel auf.

Für mich, der damals gerade in die Pubertät kam, war *Kikis kleiner Lieferservice* ein ganz besonderer Film. Wenn man erwachsen wird, gibt es da diese Hürde namens Pubertät, die jeden erwischt. Diese Hürde wird einem in den Weg gestellt, um erwachsen zu werden. Bis dahin war ich mein ganzes Leben ganz unbekümmert gewesen, doch plötzlich begann eine Zeit, in der es schwierig wurde, quasi *ich selbst zu sein*. Ich denke, jeder hat seine Erfahrungen, wobei es Unterschiede in Zeit und Ausmaß gibt, und jeder hat Erinnerungen daran.

Auch ich, der in einem Tempel aufgewachsen ist und entsprechend erzogen wurde, durchlief diese Phase. Mit uns lebten auch junge Mönche im Haus. An den Feiertagen der Tagundnachtgleiche[7] trugen sie ihre Mönchskutten und rezitierten Sutren. Ich rezitierte ebenfalls wie selbstverständlich Sutren und auch mein Kopf war kurz geschoren. Wenn ich als Kind das Sutra von der Höchsten Erleuchtung frei rezitierte, waren die Erwachsenen um mich herum ganz erstaunt und freundlich zu mir. Das allein schon hat mir Freude bereitet, und obwohl ich die Bedeutung dieses Sutras überhaupt nicht verstand, war ich stolz auf mein Tun.

Als ich in die Grundschule ging und meine Freunde um mich herum betrachtete, fand ich: „Etwas an mir ist anders."

Doch ich wollte ein ganz gewöhnlicher Grundschüler sein. Meine Haare wollte ich auf die normale Länge wachsen lassen und später einmal meinen Traumberuf ergreifen. Bisher hatten ganz selbstverständliche Dinge, wie die Luft zum Atmen, eins nach dem anderen Fragen in mir aufgeworfen.

Damals wollte ich unbedingt herausfinden, was für ein Mensch ich war.

Letzten Endes geht es bei den Zen-Übungen genau darum. Es ist eine Reise, um sich selbst zu finden, was als „Erforschung des eigenen Wesens" (jap. *kojikyūmei*) bezeichnet wird. Um „sich seiner klar zu werden und sich gründlich zu erforschen", unterzieht man sich dem Zazen.

Auch Kiki ist ein Mädchen, das mitten in der Pubertät steckt. Obwohl sie in einem liebevollen Elternhaus aufgewachsen ist, beginnt sie sich, als sie erwachsen wird, Gedanken um ihr Aussehen zu machen und des anderen Geschlechts bewusst zu werden. Und weil sie jetzt zu den Erwachsenen gehört, ist sie davon überzeugt, nun alles allein erledigen zu können. Doch die Stadt, in die sie ganz allein auf ihrem Besen flog, ist keineswegs ein freundlicher Ort. Ob gesellschaftliche Regeln, der Umgang mit anderen, Missgunst oder Sehnsucht, das Leben an sich und so fort, eine Schwierigkeit des Lebens nach der anderen taucht wie eine Welle vor ihr auf.

Einer Hexe liegt es im Blut zu fliegen. Und einem Maler liegt es im *Blut* zu zeichnen.

Dieses *Blut* kann man sich nicht aussuchen. Das liegt daran, dass wir dieses *Blut* bei unserer Geburt von unseren Eltern geerbt haben. Für mich, der in einem Tempel groß geworden und aufgrund der mir vererbten Anlagen Mönch geworden ist, ist „Blut zum Fliegen" ein sehr beeindruckender Begriff.

Ich persönlich liebe diese Szene, die ich eingangs erwähnt habe, und es scheint mir, dass sie genau die Zen-Worte veranschaulicht, die ich im Folgenden vorstellen möchte.

*

„Wenn nötig, sterben und nach dem Tod wieder ins Leben zurückkehren" (jap. *Daishi ichiban, zetsugo futatabi yomigaeru*): Diese Worte stehen in der *Niederschrift von der smaragdenen Felswand* (jap. *Hekiganroku*), einer Sammlung von Zen-Worten.

Es handelt sich um ein Gespräch, als der aus China stammende Zen-Mönch Jōshū Oshō[8], der im neunten Jahrhundert lebte, Daidō Oshō auf dem Berg Tōsu besuchte. Beide waren hochrangige Mönche, die den Weg des Zen gründlich studiert hatten. Einem Gelehrten zufolge soll Jōshū Oshō damals 103 Jahre alt gewesen sein und Daidō Oshō 62 Jahre.

Jōshū Oshō fragte: „Wie kann denn ein Toter wieder zum Leben erwachen?"

Darauf antwortete Daidō Oshō umgehend: „Ein Weg ist in der Nacht dunkel und gefährlich. Es ist daher besser, erst in der Morgendämmerung hinauszugehen."

Was für Menschen sollen in diesem Fall die Toten sein? Mit tot (jap. *shi*) ist hier nicht der körperliche Tod gemeint. Wenn man alles verloren hat, steht man vor einem Zustand des Nichts (jap. *mu*), in dem man sich selbst aufgegeben hat. Diese stockfinstere Welt, die das Nichts weiter leugnet und in der man auf alles verzichtet hat, wird als Ort bezeichnet, an dem man „wenn nötig, stirbt“. Doch im Zen macht man „wenn nötig, sterben“ nicht zum Ziel der Erleuchtung. Denn nach dieser ist es wichtig, „nach dem Tod wieder ins Leben zurückzukehren“, also voller Energie wieder zu erscheinen. Hier gibt es eine reale helle Welt, in der alles, die sichtbaren und hörbaren Dinge lebendig sind.

Glauben wir nicht daran, der „Zustand der Leere“ (jap. *mu no kyōchi*) sei eine Welt vollkommener Dunkelheit, in der nichts existiert? Aber das hat nichts gemein mit: „Ein Weg ist in der Nacht dunkel und gefährlich.“ Eine Welt, so hell wie die Morgendämmerung und der helllichte Tag, in der ein jeder erstrahlt, ist freilich der „Zustand der Leere“, den wir suchen. Diese Zen-Worte sagen uns, erst, wenn man die Grenzerfahrung des „wenn nötig, sterben“ macht, kann man den „Zustand der Leere“ erreichen und frei leben.

*

Um das Verständnis dieser Zen-Worte noch weiter zu vertiefen, wollen wir den Ausdruck „Wenn man die Hand loslässt, versinkt man im tiefen Brunnen, dann ist ringsherum reines Licht“ näher betrachten. Es ist ein Spruch, den man im Zen-Bild „Ein Affe fängt den Mond“ (siehe S. 5) wiedererkennt, das Zen-Meister Hakuin gezeichnet hat. Humorvoll dargestellt wird eine Szene, wie ein putziges Äffchen mit der linken Pfote einen Ast umklammert, während es mit seiner rechten Pfote versucht, den sich im Wasser spiegelnden Mond zu fassen zu bekommen. Dieses Bild bezieht sich auf die Geschichte vom Affenkönig, der sich an einen Ast klammerte und an dem weitere 504 Affen untereinanderhingen, um den Mond aus einem Brunnen zu schöpfen. Doch letzten Endes brach der Ast und die Affen fielen ins Wasser. Die Geschichte verweist damit auf weltliche Gedanken und wilde Fantasien, die der Mensch unweigerlich in seinem Herzen trägt, wie der sich im Wasser spiegelnde Mond, der fälschlicherweise mit dem echten Mond verwechselt wurde.

Als der Anführer der Affen etwas Falsches anstrebte, scheiterten auch seine Untergebenen, indem sie alle ins Wasser fielen. Zuerst wurde mir damit klar, dass ich mir keinen Anführer oder keine Täuschung suchen sollte, doch dieses Zen-Bild enthält eine noch tiefere Botschaft.

Es ist unnötig zu erwähnen, dass der Affe, wenn er seine Hand loslässt, in den tiefen Brunnen fällt. Und ringsherum ist reines Licht. Als ich „rein" im Wörterbuch nachschlug, stand dort „weiß, unbefleckt, klar". Ich war ganz verblüfft. Was ist das für ein Ast, an dem sich der Affe mit seiner linken Pfote so festklammerte? Wenn man sich einmal in seine Lage versetzt, sind es dann vielleicht Position und Ruf, die man sich aufgebaut hat, oder erworbenes Wissen und gesammelte Erfahrungen? Was passiert wohl, wenn man das loslässt, was einem im Leben wichtig ist? Bestimmt fällt man wie der Affe in den Brunnen. Der merkte dann, dass der Mond, der sich auf der Wasseroberfläche gespiegelt hatte und den er verzweifelt versuchte zu greifen, eine Täuschung war. Außerdem spürte er, dass er ins Wasser gefallen war und wie er wieder auftauchte. Und er sah den Mond, den er von vorneherein am Himmel hätte anvisieren sollen, weiterhin hell leuchten.

Obwohl Kiki bis dahin ganz selbstverständlich fliegen konnte, kann sie es jetzt nicht mehr. Sie ist allein, beunruhigt, müht sich ab und zerbricht sogar ihren kostbaren Besen, den sie von ihrer Mutter erhalten hatte. Sogar Jiji, die schwarze Katze, die bisher immer an ihrer Seite gewesen war, geht ihrer eigenen Wege. Kiki, die die Kontrolle über sich selbst verloren hat, verliert alles, was sie hatte. Doch das allein bedeutet nicht „wenn nötig, sterben". Kikis linke Hand hält noch immer an dem Gefühl des Verlustes fest, sie glaubt, etwas verloren zu haben. Da sie nur einen Gedanken hat, und zwar: „Ich will Tombo helfen", kann sie das Verlorene schließlich loslassen und auf die in ihr innewohnenden Kräfte zurückgreifen. Mit anderen Worten, sie hat ihre Fähigkeit zu fliegen wiedererlangt. Kiki kehrt nach ihrem Sterben wieder ins Leben zurück und erkennt, dass es eine dankenswerte Sache ist, mit der ihr im Blut liegenden Kraft, die sie von den Eltern geerbt hat, ganz selbstverständlich fliegen zu können.

Der Blick, den Kiki vom Ladentisch der Bäckerei aus hat, ist wahrscheinlich kein anderer als zu Beginn des Films, als sie in die Stadt gekommen war. Doch während sie hinausblickt, ist sie es, die sich verändert hat. Kiki hat die Erfahrung von „Wenn nötig, sterben und nach dem Tod wieder ins Leben zurückkehren" gemacht und kann jetzt frei und munter leben.

„Als wir Storyboards und die eigens angefertigten Zeichnungen zusammenstellten, kam nochmals die Diskussion auf, wie die letzte Szene aussehen sollte. Innerhalb des festen Mitarbeiterkerns waren viele der Meinung, dass es besser sei, den Film mit einer Szene zu beenden, in der Kiki von der Bäckerin einen Kuchen geschenkt bekommt."[9] Diese Worte von Suzuki Toshio, dem Produzenten, waren für mich wirklich eine Überraschung. Ich glaube, wenn es am Ende nicht diese wieder ins Leben zurückgekehrte Kiki gegeben hätte, dann hätte sie mich, der den Weg des Zen geht, mit Sicherheit nicht so sehr berührt.

Im April, wenn es warm wird, beginnen auf dem Tempelgelände des Ryūunji die Kirschbäume zu blühen. Ob Trauerkirsche, Yoshino- oder Yae-Kirsche, jede einzelne kündigt mir die Ankunft des Frühlings an. Sie blühen jedes Jahr auf die gleiche Weise, doch natürlich sind sie nicht die gleichen Kirschbäume vom Vorjahr. Genauso sind wir, die sie jetzt betrachten, nicht die gleichen Menschen, die wir noch im letzten Jahr waren. So verhält es sich auch mit Kiki, die starb, weil es nötig war, und nach dem Tod wieder ins Leben zurückkehrte.

Kiki erkennt, dass es dankenswert ist, mit der ihr im Blut liegenden Kraft, die sie von den Eltern geerbt hat, ganz selbstverständlich fliegen zu können.

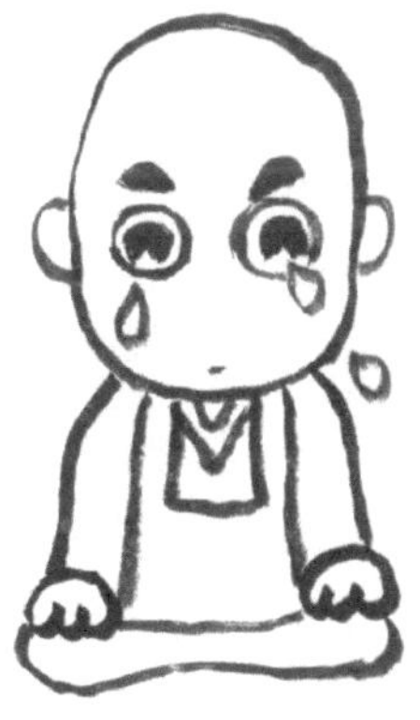

IV

„Eine einmalige Gelegenheit im Leben“ und *Wie der Wind sich hebt*

Kirschblüten fallen
Kirschblüten auch noch am Baum
Kirschblüten fallen

Wie schön die Kirschblüten auch sind, sie werden bald herabfallen. Alle noch verbleibenden Kirschblüten werden ausnahmslos herabfallen. Dieses Gedicht bringt zum Ausdruck, dass nichts Bestand hat, folglich alles Lebendige mit Sicherheit vergehen wird. Trotzdem kann man nicht die ganze Zeit traurig sein. Nachdem die Blüten abgefallen sind, sprießen grüne Blätter, und auch für die anderen Bäume auf dem Tempelgelände ist endlich die Zeit des frischen Grüns gekommen. Dann sagt mir dieses Grün: „Pflanzen widmen all ihre Kraft nur einer Sache, nämlich dem Leben.“

„Lebe“ – In der letzten Szene von *Wie der Wind sich hebt* (jap. *Kaze tachinu*) sind dies die Worte, die Naoko Jirō zuruft, als er über das Trümmerfeld zahlreicher Flugzeuge geht, um einen kurzen Blick darauf zu werfen. In einem Essay des Filmkritikers Machiyama Tomohiro steht Folgendes:

„Regisseur Miyazaki Hayao wollte in dieser letzten Szene zeigen, dass sich der tote Jirō im Fegefeuer befindet. Wird er die Verantwortung für den Krieg übernehmen und zur Hölle fahren? Dort taucht dann die bereits verstorbene Naoko auf. Beim ersten Szenario lautete ihr Text ‚Komm‘. Wie einst Dantes Beatrice rettet Naoko Jirōs Seele und steigt in den Himmel auf. Dann setzt der Abspann mit dem Lied *Kondensstreifen* von Arai Yumi ein. Denn das Gefühl ‚jenes Kindes', das gestorben ist und auf das sich der Liedtext bezieht, entspricht der Zeile ‚niemand sonst versteht es'. Doch nach langem Ringen hat Miyazaki den Text dann in ‚Lebe' abgeändert."[10]

Im Japanischen unterscheiden sich *kite* (komm!) und *ikite* (lebe!) nur durch einen einzigen Laut: *i,* doch der Bedeutungsunterschied ist offensichtlich. Darin kann man Miyazakis Zwiespalt erkennen. Obendrein versetzten mir die Worte „Du musst leben", der Werbeslogan von *Wie der Wind sich hebt*, einen Stich ins Herz, ganz so als verpasste man einem bereits am Boden liegenden Gegner einen weiteren Tritt. Unwillkürlich kam mir das folgende Gedicht in den Sinn.

Da die Toten nicht zurückkehrten,
was bleibt den Lebenden an Wissen?

Da die Toten sich nicht beklagen,
worüber klagen die Lebenden?

Da die Toten nicht mehr schweigen können,
haben die Lebenden das Recht zu schweigen?

Es handelte sich um ein Kurzgedicht von Jean Tardieu, einem französischen Dichter der Moderne.[11]

Was bleibt den Lebenden an Wissen? Warum muss der Mensch leben?

Ich denke, das lehren mich die Zen-Worte „eine einmalige Gelegenheit im Leben" (jap. *Ichigo ichie*). Ich glaube, dass jedem diese Worte schon des Öfteren begegnet sind. Ursprünglich ein rein buddhistischer Begriff, wird er aufgrund seiner engen Beziehung zwischen Zen und dem Teeweg auch als Zen-Worte verwendet. Es ist keine Übertreibung zu sagen, dass es die berühmtesten Worte in der Welt des Teeweges sind. Doch heutzutage sind es nicht mehr nur die Worte aus der Welt des Zen oder des Teeweges. 1994 wurde für den Film *Forrest Gump*, der Schauspieler Tom Hanks einen Oscar einbrachte, als japanischer Titel „Eine einmalige Gelegenheit im Leben“ verwendet. Das Meisterwerk, das von Begegnungen und Abschieden handelt, wurde ein Riesenerfolg, und damit verbreitete sich in Japan auch dieser Begriff.

Schauen wir uns zunächst einmal die Wörter an. Das hier verwendete japanische Wort für Leben *(ichigo)* ist ein buddhistisches Wort und steht für „Lebenszeit, das ganze Leben lang“. Auch das folgende, mit „einmalige Gelegenheit“ übersetzte Wort *ichie* ist ein buddhistisches Wort und meint wortwörtlich: „eine Zusammenkunft vieler Menschen“. Bedeutet dann *Ichigo ichie* „ein einmaliges Treffen im Leben“? Behalten wir diese Bedeutung vorerst im Hinterkopf und betrachten nun die Worte aus dem Blickwinkel des Teeweges.

Sen no Rikyū, der die Teezeremonie einst vervollkommnete, erklärte, das wichtigste Verständnis für den Teeweg sei: „Wenn man an einer Teezeremonie teilnimmt, sollte man diese Gelegenheit als einmalig im Leben betrachten, und sowohl Gastgeber als auch Gast, beide sollten sich gegenseitig bemühen.“ Einer von Rikyūs Schülern, Yamanoue Sōji, schrieb in seinen „Aufzeichnungen von Yamanoue Sōji“ [12] von einem einmaligen Treffen im Leben.

Allerdings geht der Begriff *Ichigo ichie* auf Ii Naosuke zurück, seinerzeit ranghöchster Minister in der Edo-Zeit. Ii Naosuke war am 24. März 1860 außerhalb des verschneiten

Sakurada-Tores der Edo-Burg von herrenlosen Samurai unter anderem aus Mito überfallen worden und verstarb dort mit nur 46 Jahren. Er entstammte zwar dem Haus Ii des angesehenen Feudalherrn von Hikone, jedoch verbrachte er als Kind einer Nebenfrau viele Jahre als Niemand. In dieser Zeit hatte er sich dem Teeweg gewidmet. Auf diesem Gebiet machte er sich als Teemeister „Sōkan" des Sekishū-Stils einen Namen und hinterließ ein Buch mit dem Titel „Sammlung über die einmalige Zusammenkunft zur Teezeremonie"[13]. Darin heißt es im Vorwort:

„In erster Linie ist das Zusammentreffen bei einer Teezeremonie eine einmalige Gelegenheit im Leben. Wenn man sich beispielsweise vorstellt, dass das heutige Treffen nicht wiederholt werden kann, auch wenn derselbe Gastgeber und Gast immer wieder zusammenkommen, findet dieses Treffen heute in der Tat nur einmal im Leben statt."

Mit anderen Worten bedeutet das: „Egal, wie oft man ein und dieselbe Person trifft, diese Begegnung zu einem bestimmten Zeitpunkt wird es nicht noch einmal geben. Da es innerhalb eines Lebens nur zu dieser einen Begegnung kommt, muss man bei jedem Treffen alles geben."

Gewiss hat man mit dieser Einstellung an einer Teezeremonie teilzunehmen, doch diese Zen-Worte verdeutlichen uns auch etwas im Leben.

*

Welche Lebensweise vermittelt wohl der Ausdruck eine einmalige Gelegenheit im Leben? Ich sehe ihn in der Lebensweise von Jirō und Naoko aus *Wie der Wind sich hebt*.

Jirōs Schwester Kayo sagte über die kranke Naoko, die aus dem Hospital weggelaufen ist und Jirō geheiratet hat: „Es tut mir so leid um sie.“ Jirō antwortete darauf: „Wir versuchen jeden einzelnen Tag so zu leben, als sei er unendlich wertvoll.“

Wenn sie die ihnen verbliebene Zeit bestmöglich nutzen wollen, warum kündigt er nicht seine Arbeit, damit sie zusammen sind? Ich glaube auch, dass manche Leute denken, wie könne man nur in Gegenwart eines Kranken rauchen. Allerdings möchte Naoko, wenn Jirō raucht, selbst in dieser kurzen Zeit die Hand ihres Liebsten halten. Sie will Jirō fortwährend dabei zusehen, wie er sich in seine Flugzeugentwürfe vertieft. Um Naokos Erwartungen zu erfüllen, verknappt Jirō sogar seine Schlafenszeit und macht sich voller Elan an die Arbeit.

Auch das Titellied *Kondensstreifen* (jap. *Hikōkigumo*), Text und Musik stammen von Arai Yumi, drückt diese einmalige Gelegenheit im Leben aus.

Der helle Weg in lichte Höh’
führt hoch in den Himmel empor
Der milde Dunst, die flimmernde Luft,
umwabert und hüllt ein
Von allen unbemerkt und ganz allein
In lichte Höhen steil emporsteigend
Ohne Furcht, zum Himmel hinaufkreisend

Voller Sehnsucht nach den Wolken
Über das Firmament jagend
Das Leben bleibt ein Kondensstreifen[14]

Matsutōya Yumi (wie Arai Yumi nach ihrer Heirat inzwischen heißt) hat in ihrem Buch „Lippenstift-Nachricht“[15] bemerkt, dass sie dieses Lied für einen Klassenkameraden aus ihrer Grundschule geschrieben hatte, der in der 10. Klasse an einer unheilbaren Krankheit gestorben war. Als sein Tod Tag um Tag näher rückte, betrachtete er jeden Tag von seinem Krankenhausfenster aus den Himmel. Wahrscheinlich hat das Betrachten der verschiedenen Wolken seine Fantasie beflügelt. Beim Anblick der Kondensstreifen fragte er sich vielleicht: „Wohin mag dieses Flugzeug fliegen? Was für Leute sind wohl an Bord?“ Stellte er sich nicht vor, wie sie gerade den weiten Himmel bereisten? Für den Jungen ein unerfüllbarer Traum, egal wohin er hatte reisen wollen. Wenn die Leute um ihn herum sahen, wie er nur in den Himmel schaute, bemitleideten sie ihn vielleicht. Aber ich glaube nicht, dass er mutlos war.

Sein Bestes geben, um jeden Tag zu leben, und sein Bestes geben, um nur im Hier und Jetzt zu leben. Jedes Mal, wenn er sich von seiner Mutter verabschiedete, die ihn am Krankenbett besuchte, konnte es sein, dass er sie vielleicht nie wiedersah. Die Mahlzeit, die er gerade aß, war vielleicht seine letzte. Ein „Gute Nacht“ wurde vielleicht zu den letzten Worten, die man miteinander wechselte. Wenn er die Augen schloss, um zu schlafen, würde er vielleicht nie wieder aufwachen.

Doch ich glaube, für ihn, der sich dieser Tatsache gestellt hat, waren die Minuten und Sekunden der Gegenwart sehr kostbar und erfüllend. Dieses Gefühl versteht nur die betroffene Person. Das ist etwas, was ein Außenstehender nicht im Geringsten nachvollziehen kann. Sicherlich hatte er vor nichts mehr Angst. Denn er lebte mit all seiner Kraft für den Moment. Die meisten denken vielleicht, es sei ein Unglück, so jung zu sterben, aber man könnte doch auch daran glauben, dass der Betroffene in den Himmel emporgestiegen ist, so frei und ungebunden wie eine am Himmel schwebende Wolke, und glücklich werden konnte.

*

Eine einmalige Gelegenheit im Leben ruft keinerlei Gefühle von Angst oder Trauer gegenüber dem Tod hervor. Sie weist mich aktiv auf eine menschliche Lebensweise hin, ausgefüllt und voller Glück. Zudem lehrt sie mich, sich zu treffen bedeutet Abschied nehmen. Vor diesem Hintergrund kann ich mir selbst ein Urteil darüber bilden, ob meine Wortwahl, meine Denkweise, meine Verhaltensweise, was auch immer, in Ordnung ist.

Unser Leben besteht aus einer Reihe von Begegnungen. Man trifft auf viele Menschen, wie Eltern, Liebespartner, Freunde, Kollegen. Natürlich sind Menschen nicht die einzigen, denen wir begegnen. Es sind alle unmittelbaren Begegnungen inbegriffen, wie mit Hunden und Katzen, Pflanzen, der Natur, mit Büchern und Filmen, die unser Leben verändern, und vieles mehr.

Nicht nur bei einer Teezeremonie oder bei der Begegnung mit einem Menschen, sondern bei jeder einzelnen Sache, mit der ich unmittelbar zu tun habe, denke ich daran, dass es nur diesen einen Moment gibt, und widme mich ihm mit all meiner Energie. Ich denke, wenn man sich jedes Mal vorstellt, heute wäre der letzte Tag meines Lebens, wird das Leben sicher ausgefüllt und glücklich sein.

Es heißt, dass Ii Naosuke bei dem Vorfall vor dem Sakurada-Tor von den herrenlosen Samurai getötet wurde, ohne sein Schwert zu ziehen. Vielleicht lebte er mit der Einstellung, alles zu akzeptieren.

Wenn man sich die Bedeutung der Zen-Worte „eine einmalige Gelegenheit im Leben“ zu eigen machen kann, sollte man das Leben, so wie es gerade ist, voll ausleben, und fest daran denken, dass man in der Gegenwart *leben* muss. Man hat damit zu beginnen, die Gegenwart wertzuschätzen, und folgt dann dem Weg, in Zukunft wirklich und wahrhaftig zu leben. Ich meine, das ist genau das, was wir, was auch immer wir tun, den Verstorbenen, die nie mehr zurückkehren werden, nachempfinden und von ihnen unbedingt lernen müssen.

Wenn man sich die Bedeutung von „eine einmalige Gelegenheit im Leben“ zu eigen macht, sollte man das Leben, so wie es gerade ist, voll ausleben, und fest daran denken, dass man genau jetzt in der Gegenwart leben *muss. Man hat damit zu beginnen, die Gegenwart wertzuschätzen, und folgt dann dem Weg, in Zukunft wirklich und wahrhaftig zu leben.*

V

„Dieser Ort ist das Reine Land“ und *Die letzten Glühwürmchen*

Am 5. April 2018 starb Regisseur Takahata Isao. Die Nachricht über seinen Tod traf mich gleich am Morgen, inmitten beunruhigender Nachrichten wie Raketenabschüsse und der Einsatz von chemischen Waffen in Krisengebieten. Dann wurde auf Nihon TV zu seinem Gedenken *Die letzten Glühwürmchen* (jap. *Hotaru no haka*) ausgestrahlt. Sicherlich fragten sich auch Andere: „Warum?“ Denn es gibt viele Filme, die das Werk von Regisseur Takahata repräsentieren, wie *Die Legende der Prinzessin Kaguya* und *Tränen der Erinnerung – Only Yesterday*. Natürlich gehört auch *Die letzten Glühwürmchen* dazu, aber letzten Endes ist es doch ein viel zu trauriger Film. In meiner unmittelbaren Umgebung sagte sogar mein Vater, der im Alter von fünf bis zehn Jahren den Krieg miterlebt hatte und den dieser Film an früher erinnerte: „Ich kann mir das einfach nicht ansehen.“

Aus demselben Grund hatte ich diesen Film stets gemieden, obwohl ich Ghibli-Fan bin, nachdem ich zu Grundschulzeiten *Die letzten Glühwürmchen* einmal im Fernsehen gesehen hatte. Aber aufgrund der Trauer wollte ich mich diesmal tapfer dem Film stellen, und nachdem ich meine eineinhalbjährige Tochter zu Bett gebracht hatte, setzte ich mich vor den Fernseher.

Ehrlich gesagt war es dieselbe traurige Geschichte, wie ich sie als Kind in Erinnerung hatte. Doch dieser Film, dem ich mich nun als Vater stellte, war noch entsetzlicher als vor dreißig Jahren, so dass es mir wirklich das Herz zusammenschnürte. Warum mussten der vierzehnjährige Seita und die vierjährige Setsuko sterben? Gab es keinen Weg, sie zu retten? Wenn Seita es nur im Haus der Verwandten ausgehalten hätte, wäre ihnen dann nicht eine glückliche Zukunft beschieden gewesen? Auf diese Weise kamen mir die Gedanken, einer nach dem anderen wie anrollende Wellen: „Warum? Weshalb?"

Wahrscheinlich gab es damals in Japan viele Kinder, die noch viel schlimmere Erfahrungen gemacht hatten. Auch wenn ich den Krieg nicht miterlebt habe, denke ich mir, dass das Elend, das er mit sich brachte, wohl die Hölle gewesen sein muss.

*

Diesmal stammen die Zen-Worte aus dem Sutra „Loblied des Zazen von Zen-Meister Hakuin" (jap. *Hakuin zenji zazen wasan*) und lauten: „Dieser Ort ist das Reine Land" (jap. *Tōsho sunawachi rengekoku*). Zen-Meister Hakuin war ein hochrangiger Mönch der Rinzai-Sekte, den ich bereits im Eingangskapitel „Bodhidharmas ‚Nicht-Wissen' und *Prinzessin Mononoke*" erwähnt habe. Er wurde in Numazu, in der Präfektur Shizuoka geboren, und hieß ursprünglich Iwajirō. Es heißt, dass er als Kind im Alter von etwa fünf Jahren die Vergänglichkeit der Welt spürte und weinte, und zwar als er am Meeresstrand sah, wie die Wolken vorbeizogen. Iwajirō besuchte als Elfjähriger mit seiner Mutter einen nahegelegenen Tempel. Als er die Erläuterungen eines Mönches über die fürchterlichen Qualen in der Hölle hörte, zitterte er am ganzen Leib. Wie alle Kinder zankte er sich auch mal oder sagte die Unwahrheit. Manchmal war er fischen gegangen, wobei er die

Fische auch tötete, genauso arglos tötete er Schlangen, Frösche oder Insekten, ein Tier nach dem anderen. Iwajirō war nun verzweifelt, dass er mit Sicherheit in die Hölle kommen und all ihre Qualen würde erleiden müssen.

Wie konnte er nur vermeiden, in die Hölle zu kommen? Das war wohl das Einzige, was Iwajirō durch den Kopf ging. Seiner Mutter zufolge, besuchte er eifrig den Gott Tenjin im Dorfschrein und rezitierte jeden Tag aufs Neue das *Kannon-Sutra*.

Eines Tages wurde im Dorf ein Puppentheater aufgeführt. Das Stück hieß „Nisshin mit dem Topf auf dem Kopf“[16]. Darin wird der Mönch Nisshin, der gegen das Gesetz verstieß, weil er die Lehren der Hokke-Sekte verbreitet hat, gefasst und von den Beamten gefoltert. „Stimmt es, dass ein Asket der Hokke-Sekte nicht brennt, wenn er ins Feuer tritt, und nicht ertrinkt, wenn er ins Wasser geht?“ Mit diesen Worten wurde ihm ein rot glühender Topf auf den Kopf gesetzt. Während der Mönch leise das Nichiren-Mantra rezitierte, hielt er seine Hände zum Gebet gefaltet. Die Geschichte besagt, dass die Beamten, als sie annahmen, der Mönch sei tot, ihm den Topf abnahmen. Doch der Mönch sprach weiter das Nichiren-Mantra, ohne sich auch nur im Geringsten zu bewegen.

Als der junge Iwajirō dieses Stück sah, freute er sich, dass er allein durch seinen Glauben die Höllenqualen überwinden konnte. So rezitierte er mehr denn je Sutren und legte glühende Essstäbchen aus Eisen, die er zuvor im Feuer erhitzt hatte, auf seine Oberschenkel. Doch leider hatten die Sutren keine übermenschlichen Kräfte. Wie zu erwarten war, erlitt Iwajirō schwere Verbrennungen. Auch seine Hoffnung, dem Leiden entfliehen zu können, wenn man nur glaubt, wurde damit zerstört. Da er jedoch keinen anderen Weg sah, als Mönch zu werden und sich intensiv in den Übungen zu schulen, vertiefte er sich immer mehr in den Buddhismus.

Iwajirō, der sich aus Angst vor der Hölle entschieden hatte, Mönch der Buddha-Lehre zu werden, erlangte nach Jahrzehnten rigoroser Übung die Zen-Erleuchtung. Als er seine Erleuchtung den Menschen, die unter der Welt leiden, vermitteln wollte, schuf er in leicht verständlichem Japanisch das Sutra „Loblied des Zazen von Zen-Meister Hakuin" (jap. *Hakuin Zenshi zazen wasan*).

Dieses Sutra beginnt mit den Worten „Die Lebewesen sind im Grunde Buddha" (jap. *shujō honrai hotoke nari*). Alle Lebewesen meint uns Menschen, die vom rechten Pfad abgekommen sind und Kummer haben, Buddha steht für *Glück*. Anders gesagt, es verdeutlicht uns, die wir herumirren, von Natur aus Glück zu haben.

Weiter heißt es: „Es ist wie bei Wasser und Eis" (jap. *mizu to kōri no gotoku nite*). Hakuin vergleicht uns Umherirrende, die stur an etwas festhalten, egal was um uns herum geschieht, und dadurch unbeweglich sind, mit dem *Eis*. Glück setzt er mit dem *Wasser* gleich, das alles Mögliche gedeihen lässt, das Leben nährt und sich frei und ungebunden bewegen kann. Wenn man sein Herz aus Eis zum Schmelzen bringt, kann man so frei sein wie das Wasser. Es geht nicht darum, aus Öl Wasser zu machen, sondern einfach nur sein Eis zu schmelzen, um es in Wasser umzuwandeln. Das ist weder schwierig noch unmöglich und stärkt einem dankenswerterweise den Rücken.

Am Ende dieses Sutrentextes stehen die Zen-Worte: „Dieser Ort ist das Reine Land, dieser Körper ist Buddha" (jap. *tōsho sunawachi rengekoku, kono mi sunawachi hotoke nari*). Wenn man sich diesen Ort als Reines Land vorstellt, also als besten und schönsten Ort, dann quillt unser Leben über vor Glück. Außerhalb davon das Glück zu suchen, hat keinen Zweck. Zen-Meister Hakuin, der einst meinte, dass es wichtig sei, das Glück in den Dingen zu suchen, die direkt vor uns liegen, gibt uns damit noch heute, mehr als 250 Jahre später, Hinweise, glücklich zu sein.

*

Ich mag diese Unterweisung sehr und habe sie bei jeder Gelegenheit in den Treffen zu den Zen-Meditationen vorgestellt. Denn denjenigen unter uns, die darunter leiden, sich immer mit anderen zu vergleichen, geben diese Zen-Worte eine Anleitung für ein nach vorn gerichtetes Leben, indem sie uns sagen: „Sich zu vergleichen ist unnötig“ und „Genau jetzt ist es am besten“. Irgendwann wurde mir aber die Frage gestellt: „Können Sie das Gleiche zu Kindern sagen, die irgendwo auf der Welt einem Konflikt ausgesetzt sind?“ Kinder, die keine andere Wahl haben, als in Krisengebieten zu leben, kennen in ihrer unmittelbaren Nähe jemanden, der sein Leben verloren hat, und wissen nicht, ob sie nicht selbst bald sterben werden. Natürlich betrifft dies nicht nur Kriege und Konflikte. Es gibt viele Kinder auf der Welt, die nichts zu essen haben und z. B. an Infektionskrankheiten leiden, die durch unhygienische Lebensumstände verursacht werden. Kann man denn zu Kindern, die solch schrecklichen Situationen ausgesetzt sind, wirklich die Zen-Worte sagen: „Ich denke, genau hier und jetzt ist es am besten“? Ich wusste darauf nichts zu sagen.

Was denken diese Kinder angesichts solch einer schrecklichen Situation, vor der man am liebsten seine Augen verschließen will? Wie sollten sie wohl leben? Während ich nirgends eine Antwort fand, stieß ich schließlich doch darauf, in den Worten von Takahata Isao.

In der Online-Ausgabe der Zeitung *Asahi Shimbun* vom 12. August 2015 meinte Regisseur Takahata Isao zu seinen Erfahrungen der Luftangriffe, dass diese noch viel furchtbarer als im Film gewesen seien. Er behauptete: „Der Mensch lebt nicht vom Elend allein." Weiter im Interview antwortete er: „[*Die letzten Glühwürmchen*] soll nicht nur das Schreckliche zeigen. Kinder sind Meister darin, Freude und Freiheit zu finden. Auch im Krieg lachen sie laut und albern gemeinsam herum. Sie kommen in Kontakt mit der Natur und freuen sich über die kleinen Dinge in ihrem Alltag. Auch solche Figuren habe ich dargestellt. Ein Krieg, der solch einen Alltag zunichtemacht, ist absolut unverzeihlich."

Es besteht kein Zweifel, dass ein Krieg schrecklich ist. Auch heute noch, mehr als 70 Jahre nach dem Zweiten Weltkrieg, gibt es Menschen, die unter Kriegstraumata leiden.

Was ist mit der heutigen Zeit, in der wir leben? Seien es Naturkatastrophen oder extremes Wetter, das hoffnungslose Gefühl, diese nicht voraussehen zu können – wenn auch anders gelagert als bei einem Krieg, kann man hier vielleicht ebenso sagen, man befände sich in der Hölle. Wie soll man in so einer Situation leben? Regisseur Takahata sagte in der Entstehungszeit des Films: „Wir haben in unseren bisherigen Animationsfilmen ausschließlich herausragende Jungen und Mädchen gezeichnet, die Problemen tapfer entgegentreten, sich behaupten und durch ihren starken Willen überleben. Doch im echten Leben gibt es auch Probleme, die unlösbar sind. Wie in den Städten und Dörfern, die zu Kriegsschauplätzen geworden sind, und wo sich die Herzen der Menschen in dämonische Asuras verwandelt haben. Betroffen war eine herzensgute moderne Jugend, die dort hatte sterben müssen, die Hälfte von uns.

Natürlich ist es wichtig, in Zeichentrickfilmen Mut und Kraft darzustellen, aber notwendig ist doch auch ein Film, der den Gedanken freien Raum für die Frage lässt, wie Menschen wohl miteinander verbunden sind.“[17]

Die letzten Glühwürmchen ist kein Film, in dem ein Held die tragende Rolle spielt und sein Leben riskiert, um einem geliebten Menschen zu helfen, und es ist auch keine Aneinanderreihung erbitterter Gefechte oder grausamer Szenen.

Ghibli-Produzent Suzuki Toshio sagte in seiner Radiosendung über Regisseur Takahata: „Was zeigt man den Zuschauern in einem Film? Ganz typisch für ihn ist es, dem Zuschauer das Gefühl zu geben, wirklich dabei gewesen zu sein.“ Mit seiner Schilderung des Alltags macht Regisseur Takahata uns diesen bewusst. Und dass es Probleme in unserem Leben gibt, die wir einfach nicht lösen können. Trotzdem ist das kein Grund, sich deswegen zu grämen. Ich denke, Takahata verdeutlicht uns, wie wunderbar es ist, auch in solch einer Situation miteinander zu lachen, draußen in der Natur zu spielen oder die Freuden des Alltags zu entdecken.

Man weiß, dass in der Edo-Zeit auch um Meister Hakuin herum die Bauern an Hunger und Seuchen litten. Genau deshalb sagte Meister Hakuin, der sich vor der Hölle fürchtete, die sich sogar direkt vor ihm abspielte: „Dieser Ort ist das Reine Land.“ Diese Zen-Worte sagen nichts Anderes, als dass man in seinem täglichen Leben immer genau vor sich schauen soll. Es kann sein, als stünde man direkt in der Hölle. Dennoch haben wir keine andere Wahl, als uns dem Hier und Jetzt, direkt vor uns, zu stellen, immer daran denkend, dass es das Beste und das Schönste ist, und danach zu leben.

Suzuki Toshio zufolge hatte Regisseur Miyazaki Hayao einmal gesagt: „Das Meisterwerk [von Regisseur Takahata Isao] ist wohl ohne Zweifel *Die letzten Glühwürmchen*."[18] Ich glaube, durch die Ausstrahlung dieses Films im Gedenken an Regisseur Takahata erreichte seine Botschaft die Herzen vieler Menschen. Wie sollten wir, die diese Botschaft erhalten haben, fortan leben? Wenn ich das Gesicht meiner friedlich schlafenden Tochter mit ihrem Bubikopf betrachte, verstärkt sich auch in mir der Vorsatz, diese lebenswerte, wunderbare Welt an ihre Generation von Kindern weitergeben zu müssen.

Das Wunderbare daran, draußen in der Natur zu spielen oder die Freuden des Alltags zu entdecken!

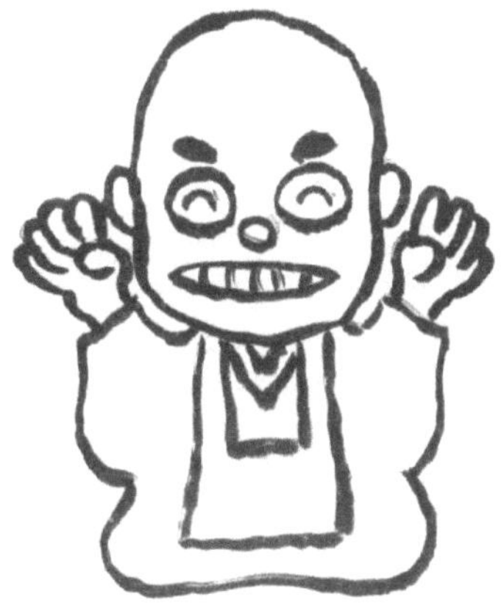

VI

„Irgendwo in den Bergen hier. Die Wolken hängen tief, ich weiß nicht, wo.“ und *Mein Nachbar Totoro*

Es ist Sommer geworden. In einem Tempel bedeutet Sommer mit einem Wort gesagt: „*Obon*-Zeit“. Der formelle buddhistische Fachbegriff für *Obon* heißt *Urabon* und ist die Transkription des Sanskrit-Wortes *ullambana*. Da das japanische Wort *Obon* hier lediglich die Lautung wiedergibt, hat es nichts mit dem gleichlautenden japanischen Wort *Obon* zu tun, das für ein Serviertablett steht. Seine Bedeutung bezieht sich vielmehr auf „die Qualen, mit dem Kopf nach unten zu hängen“. Mit anderen Worten, die eigentliche Konnotation von *Obon* ist das Leid, wenn man die Wahrheit des Lebens fälschlicherweise verkehrt versteht.

An *Obon* steht im Tempel immer ein Altar mit Essen für die Hungergeister, der auf Japanisch *segakidana* heißt. Die vier Seiten des Tempels werden mit mehreren Bannern geschmückt, weshalb es auch die Ansicht gibt, dass sich hieraus der Name für das *Tanabata*-Fest entwickelte.[19] An den heißen Sommertagen flattern die weißen Banner im Wind, der einem Kühle bringt. Es ist ein mir innig vertrauter Anblick, den ich seit meiner Kindheit kenne.

Nun möchte ich über den Film *Mein Nachbar Totoro* (jap. *Tonari no Totoro*) schreiben, der voller Kindheitsnostalgie steckt.

Meine Begegnung mit *Mein Nachbar Totoro* war nicht im Kino, sondern vor dem Fernseher.

Ich hatte den Film im Fernsehen aufgenommen, und immer wenn die Familie zusammenkam, haben wir ihn gesehen, so oft bis das Videoband verschlissen war.

Mein Vater ist Jahrgang 1945 und stammte aus einer Bauernfamilie in der Präfektur Aichi. Jedes Mal, wenn er die Szene sah, wie Kanta mit dem ihm viel zu hohen Herrenrad fuhr, wozu er ein Bein unter der oberen Rahmenstange hindurchgesteckt hatte, sagte er: „Ach ja, das habe ich auch so gemacht." Der Anblick dieses Jungen in meinem Alter, der einen Weg gefunden hatte, ein Fahrrad für Erwachsene fahren zu können, und das Wort „Reispflanzferien", das Satsuki zu ihrer Mutter sagte, waren neu für mich, aber auch die Szene, in der die Kinder alle zusammen den Erwachsenen bei der Arbeit helfen, war für mich als Grundschüler erstaunlich.

Ebenso die Eröffnungsszene, in der Satsuki und Mei offenbar den Dorfpolizisten sehen und dabei gut versteckt sind, denn man darf ja nicht auf der Ladefläche mitfahren, lässt einen irgendwie warm ums Herz werden. Gab es so eine Zeit noch, als ich geboren wurde? Es fühlt sich ganz wie das sogenannte gute alte Japan an, als wären die Menschen damals viel großherziger gewesen und die gesamte Gesellschaft hätte sehr viel mehr Zeit gehabt. Als ich von Regisseur Miyazaki Hayaos Intention zu seinem Film *Mein Nachbar Totoro* las, wurde dort genau dies beschrieben:

„Das Ziel meines abendfüllenden Animationswerkes *Mein Nachbar Totoro* ist ein fröhlicher und herzerwärmender Film. Ein Film, nach dem man mit einem glücklichen und belebenden Gefühl nach Hause geht. Bei Liebenden wächst die Liebe, Eltern werden in ihre Kindheit zurückversetzt, Kinder wollen Totoro treffen und beginnen, die Rückseite eines Schreins zu erkunden und auf Bäume zu klettern. Solch einen Film will ich machen."[20]

*

Mein Nachbar Totoro, der mich mit seinen Bildern aus einer Zeit, in der ich vermutlich noch gar nicht auf der Welt war, das Wunderbare und Nostalgische spüren lässt, erinnert mich an die folgenden Zen-Worte: „Irgendwo in den Bergen hier. Die Wolken hängen tief, ich weiß nicht, wo." (jap. *Tada kono sanchū ni ari, kumofukakushite tokoro wo shirazu*).

Diese Worte stammen aus dem Gedicht „Den Einsiedler suchen und doch nicht treffen"[21] von Jia Dao (jap. Katō) (779–843), einem chinesischen Dichter aus der Tang-Zeit.

Als ich unter der Kiefer einen Jungen fragte,
sagte er: Der Meister ging Heilkräuter suchen.
Irgendwo in den Bergen hier.
Die Wolken hängen tief, ich weiß nicht, wo.

Der Inhalt dieses Gedichts erschließt sich einem folgendermaßen. Der Einsiedler ist ein Bergeremit. Jemand, der ihn sucht, fragt ein Kind unter einer Kiefer: „Wo ist der Bergeremit?" Darauf antwortet der Junge: „Der Lehrmeister ist Heilkräuter suchen gegangen."

Der Bergeremit, der sich selbst auf die Suche gemacht hat, befindet sich zweifellos irgendwo in den Bergen, aber da die Wolken so tief hängen, weiß der Junge nicht genau, wo sein Meister gerade ist.

Ich erinnere mich, dass mir der Reiseführer einer Bustour mal erzählte: „Die Gäste, die hierher in die Präfektur Shizuoka kommen, sind enttäuscht, wenn sie nicht wenigstens einmal den Berg Fuji gesehen haben.“ Selbst wenn man ganz in die Nähe des Fuji kommt, bei schlechtem Wetter mit dichten Wolken kann man die imposante Gestalt des grandios emporragenden Fuji nicht andächtig betrachten.

Das soll natürlich nicht heißen, dass der Fuji dann einfach irgendwohin verschwindet. Lediglich Nebel und Wolken sind im Weg, so dass man ihn nur nicht mehr sieht. Es besteht kein Zweifel, dass der Berg Fuji direkt vor einem liegt, aber selbst wenn man ihn bitten würde, sich zu zeigen, es gibt einfach keine Möglichkeit ihn zu sehen. Dies bringen die Zen-Worte zum Ausdruck, die ich dieses Mal vorstelle.

Um diese Zen-Worte zu erklären, gibt es in der Welt des Zen ein tiefgreifendes *Mondō*. Es wird „Die drei Tore vor dem Tusita-Paradies“ (jap. *Tosotsu sankan*) genannt, denn man sagt, es gibt drei große Tore, bevor man zur Erleuchtung gelangt.

Im Zen gibt es mehrere Tore, und so leitet sich sogar der Ursprung des japanischen Wortes für den „Eingangsbereich eines Hauses“ (jap. *genkan*) daraus ab. Der Beginn der Zen-Ausbildung wird als „Tor zum geheimnisvollen Weg“ (jap. *genmyō naru michi ni itaru kanmon*) bezeichnet. Dieses erste Tor meint Folgendes.

Der buddhistische Mönch Tosotsu Etsu errichtete drei Tore, so fragte er einen Mönch in der Ausbildung: „Unkraut herausreißen[22] und sich seinen Schulungen widmen ist nur das Erkennen der eigenen Natur. Wo ist jetzt deine eigene Natur?“

Wenn damals in der Ausbildung befindliche Mönche Unkraut herausrissen, machten sie sich auf den Weg zu hochrangigen Mönchen im ganzen Land und baten sie, sie zu unterweisen. Hörten sie, dass sich im Osten ein hochrangiger Meister befand, gingen sie nach Osten, und wenn sie hörten, dass es im Westen einen hervorragenden Zen-Meister gab, wandten sie sich nach Westen. Auf diese Weise wanderten die Mönche in ihrer Ausbildung auf der Suche, ihr eigenes Ich zu erkennen (Erleuchtung), ständig mit Hilfe von Mundpropaganda umher. Allein durch ganz Japan zu laufen ist schon anstrengend genug, doch da es sich um eine Geschichte aus dem alten China handelt, sind Strapazen anzunehmen, die für uns unvorstellbar sind.

Der Mönch Tosotsu fragte einen Novizen, der eine so schwierige Ausbildung durchlief: „Wo ist dein Herz jetzt?" Obwohl er gefragt wurde, wo es sei, machte es keinen Sinn, darauf zu antworten. Wüsste er die Antwort darauf, bräuchte er sich nicht weiter auf solch eine Reise für seine Schulungen zu begeben. Tosotsu sagte zu dem jungen Mönch, er solle das Herz, nach dem alle verzweifelt suchen, jetzt und hier offenlegen.

Nun ist das nicht nur eine Frage für die Zen-Schüler von damals. Auch wir, die wir in der Gegenwart leben, suchen unsere „eigene Natur" (ja. *jibun no kokoro*) und setzten tagein tagaus unsere Suche fort. Jedoch ist diese eigene Natur nicht leicht zu erlangen. Man könnte befürchten, dass sie sich irgendwo weit weg befindet.

Selbst mit ausgestreckten Armen ist sie unerreichbar. Man leidet darunter, wenn man seine Natur (jap. *kokoro*), die man sucht, nicht bekommt. Genau so erging es mir während meiner Zen-Ausbildung.

Ich bin zwar nach meinem Universitätsabschluss in ein Zen-Dōjō eingetreten, aber es ist mir peinlich, zuzugeben, dass der Anlass dafür keine edlen Beweggründe waren, die da lauteten: „Ich möchte Erleuchtung erlangen“, oder: „Um der Welt und der Menschen willen“.

Da ich in einen Tempel hineingeboren war, musste ich mir als Nachfolger eine Qualifikation als buddhistischer Mönch erwerben. Dazu bedurfte es einer dreijährigen Ausbildungszeit in einem Zen-Dōjō.

Das Leben im Zen-Dōjō, wo ich früh morgens aufstand, das heißt um zwei oder drei Uhr, um dann lange im Sitzen zu meditieren, wo ich weder Zeit noch Raum für mich allein hatte, war für mich als Menschen der Moderne wirklich so hart und furchtbar, als wäre es die Hölle.

Doch die menschliche Gewohnheit ist schon seltsam. Nach den drei Jahren hatte ich mich sogar an diesen Lebensrhythmus, der sich vollkommen von meinem bisherigen Leben unterschied, ganz von selbst gewöhnt. Ich spaltete Feuerholz, kochte Reis in einem Topf anstatt mit einem vollautomatischen Reiskocher, arbeitete auf dem Feld, baute Gemüse an, das wir als Zutat für Miso-Suppe verwendeten, und an Regentagen reparierte ich auch mal einen Papierregenschirm, ganz so, als wäre es die Nebenbeschäftigung eines Samurai in einem Historiendrama.

Da ich jeden Tag zu tun hatte, waren die drei Jahre, die ich mir grob gesetzt hatte, noch ehe ich mich versah, im Nu vergangen. Kurz gesagt, ich wollte die drei Jahre möglichst schnell hinter mich bringen, ganz so, wie wenn jemand in seiner Lehrzeit jeden Tag ein Blatt von einem Tageskalender abreißt.

Eines Tages prallte ich gegen eine unüberwindbare Mauer.

Das war für mich der Verlust eines mir nahestehenden Menschen. Diese Person, die bis dahin wie selbstverständlich noch direkt vor mir gestanden, mit mir geredet und manchmal mit mir gestritten hatte, war auf einmal einfach nicht mehr da. So plötzlich wie ein Blitzschlag hielt mir mein großes Problem, das ich mit dem Tod hatte, die ebenso große Frage nach dem Leben entgegen.

An jenem Tag wurde ich Mönch (jap. *shukke*) in seiner eigentlichen Bedeutung. Die Zen-Unterweisung hat eine über tausendjährige Geschichte und Tradition. „Über die Schulungen hinaus muss es eine wunderschöne Landschaft geben, die nicht in Worten ausgedrückt werden kann, dermaßen goldfarben funkelt sie. Wenn ich diesen Punkt erreicht habe, erschließt sich mir garantiert eine Lösung für dieses große Problem, das ich mit dem Tod habe und das mich im Innersten quält“, dachte ich, und darauf hoffend widmete ich mich aufs Neue den Zen-Schulungen. Für mich war das der Moment, in dem ich von den Schulungen, denen ich mich unterziehen muss, zu den Schulungen, die ich mache, wechselte.

Inzwischen waren einige Jahre vergangen und bereits neun Jahre seit meinem Beginn als Novize. Doch ich hatte mir weder ein enormes Wissen angeeignet noch übernatürliche Kräfte erworben. Nach ein paar Jahren vergeblicher Mühe bot sich mir statt der langersehnten Szenerie immer noch die alltägliche Landschaft, an der sich bisher rein gar nichts verändert hatte.

Je mehr ich im Zen-Dōjō an meinen Schulungen arbeitete, umso mehr brachen meine Wertvorstellungen zusammen, die sich in mir verfestigt hatten. Wie von selbst konnte ich loslassen, was mir wichtig war und woran ich mich hartnäckig geklammert hatte, nämlich mein Wissen und meine Erfahrungen, die ich mir bisher erworben hatte.

Direkt vor mir, der alles Wichtige losgelassen, weggeworfen und damit endlich den gesuchten Zustand erreicht hatte, lag immer noch die gleiche gewohnte Landschaft. Über das Folgende hatte ich eingangs schon einmal geschrieben: Was ich da direkt vor mir sah, war, dass es in Japan mit Frühling, Sommer, Herbst und Winter vier Jahreszeiten gibt, und jedes Gemüse auf dem Feld seinen richtigen Zeitpunkt hat, an dem es reif ist.

Im Sommer schmecken Tomaten am besten, im Herbst sind es die Auberginen, und im Winter wird der Rettich dick. Brunnenwasser ist im Sommer angenehm frisch und doch so warm, dass man es im Winter beim Reiswaschen für heißes Wasser halten könnte. Der Winterkälte zum Trotz, wenn die Tage länger werden, wird es allmählich wärmer und die Kirschblüten blühen, und nach der Regenzeit ergießt sich das gleißende Licht der Sonne.

Genau das habe ich aus meiner Zen-Ausbildung mitgenommen. Dass alle auf dieser Welt vorkommenden Naturereignisse, die wir als selbstverständlich betrachten, im Grunde aus einer Reihe von Wundern bestehen; und dass ich dies verinnerliche und mir bewusstmache, indem ich Dankbarkeit darüber verspüren kann, dass ich diese Dinge von Herzen zu schätzen weiß. Mir wurde klar, dass Zen genau dies zum Ziel hat.

Die Antwort, die man sich so sehr erhofft, kann einem kein anderer geben. Nur man selbst ist in der Lage, sie anhand der Dinge, die einem von Natur aus gegeben sind, herauszufinden, durch Lernen, Lesen, Begeisterung, das Annehmen von Herausforderungen und deren Fehlschlägen. Zen schätzt vor allem das Wahrnehmen (jap. *kizuki*).

Es geht nicht darum, etwas von Grund auf neu zu erschaffen, also etwas, das es bisher noch nicht gab, sondern es ist vollkommen ausreichend, einfach nur wahrzunehmen, was man in seinem überaus geschäftigen Alltag bisher leider übersehen hat. Wenn sich der Dunst vor einem auflöst, ist dort im Nu das Selbst, nach dem man gesucht hat.

*

Vielleicht entspricht Totoros Existenz unserem eigenen „Wahren Selbst“ (jap. *hontō no kokoro*), nach dem wir unser Leben lang suchen. Als Kind bestand für mich jeder Tag aus einer Reihe von Entdeckungen, ich hatte keine voreingenommene Sichtweise, immer schaute ich unverwandt direkt auf mich selbst.

Der Mensch sammelt während seiner Entwicklung zugleich Wissen und Erfahrungen für sein Leben an, sei es in der Schulzeit, am Arbeitsplatz, wenn er sich verliebt oder Freundschaften schließt. Zu seinem eigenen Schutz legt er sich einen Panzer zu und trifft Vorkehrungen für ein Leben ohne größere Blessuren. Für ein behagliches Leben ist dies gewiss unentbehrlich. Allerdings kann es hinderlich werden, wenn man auf sein Selbst achten will. Denn legt man sich einen kompletten Panzer zu, wird man bewegungsunfähig. Dann werden die hinderlichen Dunstwolken allmählich dichter, bis man am Ende seines Blickfeldes beraubt wird und sein Wahres Selbst aus den Augen verliert.

In Regisseur Miyazakis Filmskizze heißt es weiter:

„Dinge, die ich vergessen habe,
Dinge, die ich nicht bemerkt habe,

Dinge, von denen ich überzeugt war,
ich hätte sie verloren –
ich glaube, dass es sie immer noch gibt
und schlage *Mein Nachbar Totoro* vor."

Selbst wenn man irgendwo tief in den Bergen Totoro suchen ginge, würde man ihn doch höchstwahrscheinlich nicht finden. Das heißt aber nicht, dass es Totoro nicht gibt. So wie nur die Mutter im Krankenhaus in der Lage war, plötzlich die Anwesenheit ihrer beiden Töchter zu bemerken, könnten wir bestimmt leicht in seine Nähe kommen, wenn es uns gelänge, unser „Reines Selbst" (jap. *seisui no kokoro*), das wir seit unserer Geburt besitzen, wiederzufinden. Ich denke, dies bedeutet das Wahre Selbst, nach dem wir suchen, die vom Mönch Tosotsu gestellte Frage und Totoro.

Denn es gibt noch solch seltsame Geschöpfe in Japan.

Vielleicht ist Totoros Existenz unser eigenes Wahres Selbst, nach dem wir unser Leben lang suchen.

VII

„Jeder Tag ist ein guter Tag“ und *Meine Nachbarn die Yamadas*

Das Zirpen der Zikaden, wenn sie auf dem Tempelgelände ihre Balzgesänge vortragen. Nach langer Zeit in der dunklen Erde ist eine Woche viel zu kurz, um endlich draußen sein zu können. Trotzdem stören sich die Zikaden nicht daran und setzen ihr Zirpen bis kurz vor ihrem Tod fort.

Bald ist der Tod da
Die Miene ist nicht sichtbar
Zikadenzirpen

Dieses Haiku entstand 1690, vier Jahre bevor Matsuo Bashō starb. Der darin verwendete Begriff für Miene (jap. *keshiki*) meint den Gesichtsausdruck, der die Gefühle offenbart, und steht für das Aussehen oder mögliche „Anzeichen“. Bashō beschreibt in diesem Gedicht, wenn man Zikaden voller Elan zirpen hört, kann man überhaupt nicht heraushören, dass ihnen nur ein kurzes Leben beschert ist.

Weiter heißt es, dass vor diesem Gedicht noch handschriftlich der Begriff „Der Tod kommt rasch und plötzlich“ (jap. *mujō jinsoku*) geschrieben steht. „Das menschliche Leben kommt nicht einen Augenblick zum Stillstand“ (jap. *Hito no inochi wa shunji mo todomaranai*), dieses japanische Sprichwort über die Vergänglichkeit wird durch das Zirpen der Zikaden ausgedrückt.

Der Ghibli-Film, über den ich diesmal sprechen werde, heißt *Meine Nachbarn die Yamadas* (jap. *Hōhokekyo tonari no Yamada kun*). Wenn man Susuki Toshio fragt, war dies der

Lieblings-Ghibli-Film des früheren Vorsitzenden von Nihon TV, Ujiie Seiichirō. Obwohl es unter den bisherigen japanischen Filmen viele gibt, die sich konkret mit dem Thema Familie auseinandergesetzt haben, war schon seit langem geplant, dieses Thema nicht weiter zu verfolgen. Somit war ihm vollkommen klar, dass ein Film ein waghalsiges Unterfangen war, der sich der Herausforderung stellt, den Zerfall der Institution Familie zu stoppen, denn genau das ist *Meine Nachbarn die Yamadas*.

Meine Nachbarn die Yamadas war nach *Mein Nachbar Totoro* so etwas wie eine Fortsetzung der Reihe über Nachbarn. Außerdem musste Suzuki Toshio sofort loskichern, als er hörte, dass Regisseur Takahata Isao in den japanischen Filmtitel den Zusatz „*hōhokekyo*" aufnahm, was den Ruf des Japanbuschsängers wiedergibt, da es doch heißt, dass all seine Filme mit einem „*ho*" im Originaltitel zum Kassenschlager werden. Sicherlich besitzt dieses Werk keine so ergreifende Intensität, wie als er in *Prinzessin Mononoke* oder *Die letzten Glühwürmchen* den Frieden bzw. die Gesellschaft thematisierte. Allerdings ist *Meine Nachbarn die Yamadas* für mich so ein Film, über den ich noch lachen muss, wenn er schon längst zu Ende ist, und ich weiß nicht, warum, aber wenn er zu Ende ist, fühle ich mich besser.

Darüber hinaus kommentiert Michael Dudok de Wit, Regisseur des Films *Die rote Schildkröte*, die Besonderheiten des Filmes wie folgt:

„Ich finde, Haikus in die Animationen von *Meine Nachbarn die Yamadas* einfließen zu lassen, ist etwas, das nur die Japaner wirklich können, ebenso die Pausen, die Ruhe und dann diese wunderbaren Emotionen. Ich finde es wunderbar an

Takahata, dass diese Dinge in all seinen Filmen vorkommen.“[23]

Dabei fällt mir ein, es gibt seit neuestem im Fernsehen eine Unterhaltungssendung, in der Haikus korrigiert werden, und das ist wirklich interessant. Zuerst mit meinen Eltern und oft auch zusammen mit den jungen Mönchen aus dem Tempel sitze ich dann vor dem Fernseher. Vermutlich ist es die Tiefe der Kernaussage eines Haikus, an der sich hier jeder, unabhängig von Alter oder Geschlecht, erfreuen kann. Nur 17 Silben in 5-7-5 Verszeilen stecken voller Bilder und Informationen. Es wird gezeigt, wie die wenigen Wörter innerhalb der verschiedenen Einschränkungen durch Änderungen noch besser klingen. Indem wir das Überflüssige bereinigen, regen die sorgfältig gewählten Wörter unsere Vorstellungskraft noch weiter an.

Das eingangs erwähnte Haiku taucht auch im Film *Meine Nachbarn die Yamadas* auf.

Da ist die Szene, in der Oma Shige eine alte Frau im Krankenhaus besucht. Als Shige sie findet, macht diese sich erst die Haare zurecht und tratscht dann munter über die Affäre ihrer Bettnachbarin, führt Shige stolz herum, als wäre das Krankenhaus ihr Zuhause, und macht dabei Kommentare, wie dass die Udon-Nudeln lecker seien, der Kaffee dagegen ungenießbar. Trotzdem bricht sie plötzlich vor Shige in Tränen aus, als diese fragt: „Warum bist du im Krankenhaus?“ Daraufhin wird dieses Haiku von Bashō eingeblendet. Auch wenn der Tod nahe ist, sollte man sich nicht gehen lassen, Dinge essen, die einem schmecken, lachen und weinen, wenn einem danach ist. An diesem Punkt ist diese alte Frau, die ihren Tag bewusst lebt.

*

Es heißt, Matsuo Bashō drang bis in den Kern des Zen vor, indem er sich bei Zen-Meister Bucchō Zen-Schulungen unterzog, unter anderem in den Tempeln Rinsenji in Fukagawa, einem Stadtviertel von Tokyo, und Konponji in Kashima, einer Stadt in der Präfektur Ibaraki. Sicherlich kann man auch dieses Haiku gewissermaßen als Zen-Worte bezeichnen. Was versuchte uns Bashō wohl mit diesem Haiku mitzuteilen?

Die Zen-Worte, die ich dieses Mal vorstelle, lauten „Jeder Tag ist ein guter Tag“ (jap. *Nichinichi kore kōjitsu*), sie könnten ein Denkansatz zu Bashōs Intention darstellen.

In China gab es einen hochrangigen Mönch namens Yunmen (jap. Unmon). Eines Tages sagte er zu seinen noch in der Ausbildung befindlichen Mönchen:

„Ich frage euch nicht nach der Zeit vor dem 15. Tag,
sondern wie es nach dem 15. Tag ist.
Sagt es mir in einem Satz!“

„Vor dem 15. Tag“ steht für die Vergangenheit. „Nach dem 15. Tag“ ist als Gegenwart zu verstehen. Folglich fragte Unmon Oshō seine Schüler: „Alles, was bis zum heutigen Tag der Vergangenheit angehört, spielt keine Rolle. Beschreibt mir in einem Satz, was man von heute an am besten tun soll.“ Als es niemanden gab, der darauf antworten konnte, antwortete Unmon Oshō mit den Worten:

„Jeder Tag ist ein guter Tag.“

Genauer gesagt bedeutet es sogar: „Jeder Tag ist ein guter Tag voller Glück.“ Aber ist unser Leben wirklich so?

Mal stirbt ein uns nahestehender, wichtiger Mensch, mal ist es ein Haustier, das man liebgehabt hat, ein anderes Mal misslingt einem etwas bei der Arbeit oder man verhaut eine Prüfung, man streitet sich mit der Familie, mit dem oder der Geliebten, man verletzt sich ... Beim näheren Hinsehen hat man eher das Gefühl, das Leben sei voller Unglück und keineswegs jeder Tag ein glücklicher. Was für ein Tag ist denn eigentlich ein guter Tag?

Es sind die Zeiten von Vergangenheit, Zukunft und Gegenwart, die uns in diesem Leben gegeben wurden.

Über die Beziehung dieser Zeiten erklärt Buddha im Sutra *Madhyama Agama* (jap. *Chūagonkyō*) Folgendes:

„Hänge nicht der Vergangenheit hinterher. Denke nicht daran, was noch nicht eingetreten ist. Die Vergangenheit lässt man sofort hinter sich. Die Zukunft ist noch nicht geschehen. Daher sollte man bewusst beobachten, was im gegenwärtigen Moment geschieht. Dies sollte man gründlich erforschen und üben, unbeirrt und ohne Angst. Erledige voller Eifer einfach nur die Dinge, die heute wirklich anstehen. Niemand weiß, ob er nicht morgen sterben wird!“[24]

Die Vergangenheit ist bereits Geschichte, und die Zukunft steht noch bevor. Daher darf man nicht aus den Augen verlieren, dass man sich, egal was kommen mag, von nichts erschüttern lässt, sich hier und jetzt auf sich selbst konzentriert, und darauf, was man „im Hier und Jetzt“ (jap. *ima, koko*) tun sollte. Da der Mensch ein Lebewesen ist, weiß er nicht, wann was passiert. Jederzeit kann er sterben. Führt man sich diese vergängliche Realität, in der nichts ewig währt, vor Augen, wird sich die eigene Sichtweise allmählich verändern. „Was soll man hier und jetzt tun?“ – Wenn man sich das jeden Tag bewusstmachen kann, wird es keine schlechten Tage mehr geben. Jeder Tag wird einfach ein guter Tag sein.

Die Geister-Holzschnitte, die für den japanischen Sommer stehen, vermitteln uns dieselbe Botschaft. Wenn wir uns verirrt haben, ist es ganz so, als würde es einem plötzlich eiskalt den Rücken hinunterlaufen.

Anstatt weiterzumachen, hält man an der Vergangenheit fest, weil man etwas bedauert, ganz so als würde das eigene lange schwarze Haar hinten im Wind wiegen und jemand, der hinter einem steht, würde es „am Hinterkopf fest nach hinten ziehen“ (jap. *ushirogami wo hikareru*). So ein Geist, der noch dazu „Das wirst du mir büßen!“ vor sich hersagt, während er seine Arme nach vorne ausgestreckt hält, klammert sich an die Zukunft. Wandert der Blick in Richtung seiner Füße, sieht man den Geist nicht mit beiden Beinen auf der Erde stehen. Ist man lediglich auf die Vergangenheit und die Zukunft fokussiert, kann man sein Augenmerk nicht auf das wichtige Hier und Jetzt legen.

Beim Betrachten dieser unheimlichen Gestalten wird einem klar, dass wir uns das, was wir in diesem Moment wirklich direkt vor uns haben, bewusstmachen müssen.

Der Buddhismus erklärt Dinge in der Verlaufsform. Am Leben sein heißt am Sterben sein. Auf die gleiche Weise bedeutet am Sterben sein: am Leben sein. Leben und Tod sind ein Ganzes, man kann sie nicht nach eigenem Gutdünken voneinander trennen. Mit anderen Worten, wenn man einen erfüllten Tod sucht, hat man keine andere Wahl, als jetzt ein erfülltes Leben zu führen.

Bashō drückt dies in einer Geschichte aus, die sich auf sein Todesgedicht (jap. *jisei no ku*) bezieht. Wie wunderbar wäre nur ein Haiku, wenn es sich um Bashōs Todesgedicht handelte?

Seine Schüler, beunruhigt, dass Bashōs Tod immer näher rückte, baten ihren Meister um ein letztes Gedicht vor seinem Tod. Was für ein wunderbares Gedicht würde wohl Bashō, der herausragende Meister des Haiku, hinterlassen? Sicherlich erwarteten sie ein Gedicht, das für immer in die Geschichte des Haiku einginge, weil es die Wahrheit des Lebens ans Licht brächte. Doch die Erwartung der Schüler wurde bitter enttäuscht. Es fiel ihnen wohl wie Schuppen von den Augen. Bashōs Antwort wird in den „Aufzeichnungen von „Bashōs Totenbett – Das Blumenladen-Tagebuch“[25] wie folgt wiedergegeben:

„Mein gestriges Haiku ist heute mein Todesgedicht, mein Haiku von heute ist morgen mein Todesgedicht. Es ist doch so, dass mein Leben den Versen gleicht, die man, kaum ausgesprochen, wieder verwirft, und keines meiner Haiku als mein Todesgedicht taugt. Wenn jemand nach meinem Todesgedicht fragt, so antwortet, dass all meine Verse, die ich in diesem Jahr verworfen habe, mein Todesgedicht sind.“

Bashō hatte bis dahin unzählige Haiku geschaffen. Sie brachten ihm damals die Einsicht, dass er aus diesem Grund sein Dasein vollenden könne. Genau deshalb sind sie alle Todesgedichte. Auch wenn das „Blumenladen-Tagebuch“ angeblich eine Fälschung ist, meine ich, dass hier vielleicht Bashōs wahres Anliegen zu Tage kommt. Und so ist dieser Gemütszustand nichts Anderes als das Lebensgefühl von „Jeder Tag ist ein guter Tag“. Genau deshalb muss Bashō die wunderbare

Lebensweise der Zikade, die bis kurz vor ihrem Tod ununterbrochen zirpt, verstanden und bewundert haben.

*

Suzuki Toshio schrieb über *Meine Nachbarn die Yamadas*: „Es geht in dieser arglosen Geschichte über die Familie Yamada darum, dass alle sechs Familienmitglieder, den Hund miteingeschlossen, tun, was sie wollen. Doch als sie dies bemerken, versammeln sich alle im Wohnzimmer. Das Besondere an den Yamadas ist, dass jeder von ihnen Vergangenes ruhen lässt und für sie am nächsten Morgen einfach ein neuer Tag beginnt. Zu jeder Zeit denken sie nur an das Hier und Jetzt. Doch dabei sind alle glücklich.“[26]

Wer die Bedeutung von „Jeder Tag ist ein guter Tag“ versteht, dem wird auch klar, wie schön es ist, sich mit der Familie um den Esstisch zu versammeln. Es ist ziemlich unangenehm, mit der Familie verstritten an einem Tisch zusammenzusitzen. Aber um des gemeinsamen Essens willen kann man unliebsame Erinnerungen nicht ewig mit sich herumschleppen. Wenn ich einerseits mit einem zuversichtlichen Menschen zusammen bin, der nach dem Motto lebt: „Morgen wird es schon irgendwie werden“, dann sehe ich, der sich über Kleinigkeiten den Kopf zerbricht, selbst ganz klein aus. Eine Familie teilt sowohl erfreuliche als auch traurige Dinge miteinander. Genau das macht eine Familie aus, was wir allerdings vergessen haben, wie uns Ujiie Seiichirō sagt, doch *Meine Nachbarn die Yamadas* zeigt es uns wieder, und das voller Heiterkeit.

Jeder weiß, dass man Vergangenes nicht mehr ändern kann. Gleichermaßen lässt sich auch die Zukunft nicht verändern. Was man ändern kann ist nur das Hier und Jetzt. Die Ansammlung von Vergangenem reicht bis in die Zukunft hinein. Gerade weil wir von Informationen überschüttet werden und stets nach Kompensationen suchen, brauchen wir vielleicht ein dazu passendes Leben, in dem man „Vergangenes ruhen lässt und am nächsten Morgen einfach ein neuer Tag beginnt“.

Genauso wie man Vergangenes nicht mehr ändern kann,
lässt sich auch die Zukunft nicht verändern.
Was man ändern kann ist nur das Hier und Jetzt.

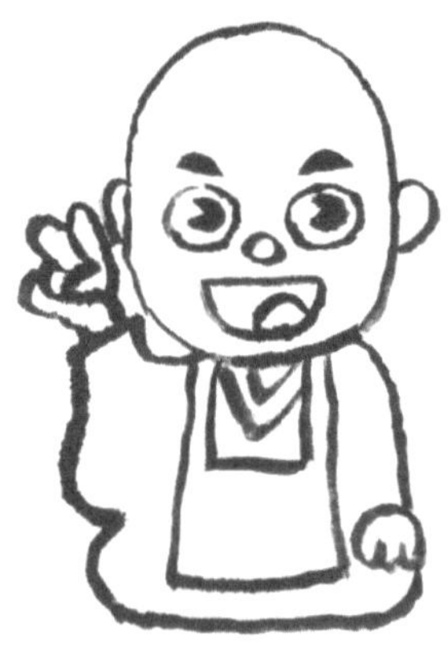

VIII

„Wasser ist von Natur aus grenzenlos, Blumen sind von Natur aus rot“ und *Die rote Schildkröte*

2018 war ich nach Indien gereist, ein Herzenswunsch von mir. Für mich als Mönch ist es eines der Länder, das ich wenigstens einmal besuchen wollte. Es war eine von einem Zen-Tempel aus Tokyo organisierte Reise mit einem guten Dutzend Mönchen. Während des Fluges las ich Yoshino Genzaburōs Buch „Wie lebt ihr?“[27], doch als ich aus dem Flieger stieg, erblickte ich die schier endlos emporragenden Gebirgsketten des Himalayas und war umgeben vom Lärm ständigen Hupens.

Von der Lebenskraft der vielen Menschen schier überwältigt, wandte ich mich dennoch den heiligen Stätten des Buddhismus zu. Als ich schließlich den Bodhi-Baum (derzeit wohl das vierte Exemplar) hinaufschaute, der seine Wurzeln auf dem Gebiet von Bodhgaya hat, wo Buddha, der Begründer des Buddhismus, erleuchtet worden war, und mich dann auf den Gipfel des hohen Geier-Berges begab, wo Buddha einst gelehrt hatte, war mir, als fühlte ich Buddhas Geist von vor 2.500 Jahren und als würde sich mein Körper straffen. Anschließend, auf dem Weg nach Sarnath, der Gegend, wo Buddha seine erste Lehrrede gehalten hatte, machte ich kurz Halt am Ganges, dessen Anblick mir die Sprache verschlug.

An den für die Feuerbestattungen vorgesehenen Stellen am Flussufer wurden auf aufgeschichteten Holzhaufen Feuer entzündet, um Leichname zu verbrennen. Die Hinterbliebenen wachten darüber. Daneben wuschen Frauen im Wasser des Flusses schweigend ihre Wäsche. Ließ man den Blick weiterschweifen, sah man fromme Hindus, die tief im Gebet versunken im Ganges badeten. Dort war nicht nur Platz für das Alltagsleben, sondern auch für den Glauben und sogar für das Leben und den Tod von Menschen, alles fand im Fluss des Ganges statt. Dies hat mich die großartige Natur des Ganges ohne Worte gelehrt.

*

Manchmal spendet uns die Natur große Kraft. Kennt nicht jeder das Gefühl von Ergriffenheit, wenn man von einem grandiosen Panorama eine Gänsehaut bekommt oder als würden einem gleich die Tränen kommen? Außerdem baut die Natur uns wieder auf, wenn wir uns deprimiert fühlen, schenkt uns Mut und neue Kraft. Andererseits hat die Natur auch ihre grausamen Seiten. Egal wie fortschrittlich Wissenschaft und Technologie sind, der Mensch kann in solch einer Situation gegenüber der wütenden Natur nichts ausrichten. Mitunter werden uns dabei auch viele wichtige Dinge genommen.

Man sieht in Ghibli-Filmen, dass Zeitvertreib oftmals eng mit der Natur verbunden ist. Stellt man von all diesen Filmen in *Die rote Schildkröte* (frz. *La tortue rouge*) die Natur nicht besonders intuitiv dar?

Die Geschichte beginnt damit, wie ein Mann auf einer unbewohnten Insel strandet. Mutterseelenallein auf dieser verlassenen Insel ist der Mann ganz auf sich gestellt. Es kommt zu einer mysteriösen Begegnung mit einer Frau, sie verlieben sich und bekommen ein Kind. Während sie zu dritt ihr Leben inmitten der freien Natur verbringen, sind sie eines Tages auch deren Härte ausgesetzt. Eltern und Kind gelingt es irgendwie sich zu retten. Das Kind wächst heran, wird selbständig und verlässt die Insel. Schließlich stirbt der Hauptprotagonist. Von Anfang bis Ende wird nicht ein Wort gesprochen, man kennt nicht einmal den Hintergrund der Geschichte. Während ich mir diesen Film anschaute, den man in gewissem Sinne als etwas ganz Eigenes bezeichnen kann, musste ich an das Zen-Buch der „Zehn Ochsenbilder" (jap. *Jūkyūzu*) denken (s. S. 76-86).

Man nimmt an, der ursprüngliche Zen-Text der „Zehn Ochsenbilder" entstand im China des 12. Jahrhunderts. Zehn kommentierte Bilder zeigen, wie die Buddha-Natur (jap. *busshō*[28]), die dem Menschen ursprünglich innewohnt, mit einem Ochsen, dem bekanntesten Tier in China, gleichgesetzt wird; die Abfolge von Schulungen, um diese Buddha-Natur zu erlangen[29], wird mit der Zähmung des Ochsen durch einen Hirten verglichen. Der Hirte, dem sein Ochse entlaufen ist, findet ihn schließlich wieder. Als er den in die Wildnis zurückgekehrten Ochsen zähmt, strebt er danach, eins mit dem Ochsen zu werden. Die zehn Bilder stehen für die jeweiligen Stufen der Zen-Schulung und zeigen einen Weg, wie man die Zen-Erleuchtung erlangt.

Der Ochse, der für die „Buddha-Natur" steht, ist nichts Anderes als das „Wahre Ich" (jap. *hontō no jibun*), bevor es Wissen und Erfahrung erlangt. Dieses uns vermutlich angeborene Wahre Ich verlieren wir jedoch bedauerlicherweise aus den Augen, während wir uns in die Gesellschaft einfügen, indem wir heranwachsen und die Schule besuchen, arbeiten gehen und uns verlieben. Wenn wir dann mitten in unserem hektischen Alltag in einer schwierigen Lebenssituation stecken, sehen wir uns eines Tages ganz plötzlich mit der großen Frage „Was ist unser Wahres Ich?" konfrontiert. Um nun darüber hinwegzukommen, versuchen wir unser Wahres Ich zu finden.

Genau das ist der Beginn der Reise zu sich selbst, mit anderen Worten der Start bei den „Zehn Ochsenbildern".

Der Hirte, der den Ochsen sucht, ist nichts Anderes als wir selbst. In der Zen-Welt richtet man dazu den Blick auf sich selbst. So sucht und findet er den Ochsen unter größten Anstrengungen, zähmt ihn und wird mit dem Ochsen eins. Im siebten Bild ist der Ochse verschwunden, und im achten Bild nun auch der besagte Hirte, der nach dem Ochsen gesucht hatte. Dieses Bild verweist auf den Zustand des Herzens, der als Nichts (jap. *mu*) bezeichnet wird, wenn es weder Täuschung noch Erleuchtung gibt. Was man mag oder hasst, ob nun jemand lebt oder tot ist, nichts und niemand existiert. Man meint, hier sei der Endpunkt der Erleuchtung erreicht, aber das Interessante am Zen ist, dass es dort nicht aufhört. Was passiert, wenn wir von dort noch einen Schritt weiter gehen? Angenommen, man blätterte die nächste Seite mit angehaltenem Atem um, dann zeigt das neunte Bild nun üppig blühende Blumen und fließendes Wasser.

Das Zen-Wort, das sich auf dieses neunte Bild bezieht und das ich als Nächstes vorstelle, heißt: „Wasser ist von Natur aus grenzenlos, Blumen sind von Natur aus rot" (jap. *Mizu ha onozu kara bōbō, hana ha onozu kara kurenai nari*).

Das Wasser fließt in weiter Ferne dahin, die Blüten blühen karmesinrot. Betrachtet man einzig die Bedeutung dieser Worte, bedarf es keiner weiteren Erklärung.

Dieses neunte der „Zehn Ochsenbilder" trägt den Titel „Zurück zu den Wurzeln, Rückkehr zur Quelle" (jap. *Henpon kangen*) und bedeutet, sich zuerst zurückzubesinnen, um wieder zu seinem ursprünglichen Zustand zurückzukehren. Der Hirte traf eine wichtige Entscheidung, indem er sich auf den Weg nach dem Ochsen begab; schließlich fand er den Ochsen und konnte ein „Selbst von Nichts“ (jap. *mu no kokoro*) erlangen, ganz ohne Täuschung und Erleuchtung. Es heißt, wenn er von dort aus einen Schritt weitergeht, wird er schließlich zu derselben Szenerie, nämlich zum Ausgangspunkt zurückkehren. Um mit ganzer Kraft sein Wahres Ich zu finden, bedarf es immer wieder der Schulung, doch als ich nun beim Üben direkt vor mich blickte, passierte rein gar nichts. Vor mir breitete sich die Landschaft aus, unverändert wie immer. Im Folgenden zitiere ich aus dem „Kompendium der fünf Lampen“ (jap. *Gotō egen*) nach der Übersetzung von Ueda Shizuteru, seinerseits Philosoph, und Yanagida Seizan, der zur Geschichte des Zen-Buddhismus in China forschte.

„Als ich mich noch keiner Zen-Meditation unterzog, sah ich einen Berg, wo ein Berg war, und sah ich Wasser, wo Wasser war. Seitdem ich aber die Zen-Meditation praktizierte und Erleuchtung erlangt hatte, war da kein Berg, obwohl ich ihn sah, und es gab auch kein Wasser mehr, obwohl ich es sah. Wenn ich nun herausfinde, was das sein mag, dann werde ich wie früher einen Berg sehen, wo ein Berg ist, und Wasser, wo Wasser ist.“[30]

Die Zen-Meditation ist eine Übung im Zen, und angenommen, es ist einem gelungen, sein Wahres Ich zu finden, die sogenannte Erleuchtung, dann ist alles ganz genauso wie vor der Übung.

*

Die gleiche Botschaft, wie sie hier beschrieben ist, fand ich im folgenden Gedicht von Tanikawa Shuntarō:

Hommage an *Die rote Schildkröte*[31]

Im Rücken der Meereshorizont
Den tosenden Wellen zum Trotz
Wie ein neugeborenes Baby
Entsteigt ein Mann dem Meer

Wo ist		Hier
Wann ist		Jetzt
Woher kommt es
Wohin geht es		das Leben?

Himmel und Meer, für immer verbunden
Zeit, mit keinem Kalender zu messen
Die Welt antwortet nicht mit Worten
Doch mit einem anderen Leben

In unserer Welt des Zen ist es keine Übertreibung, wenn man sagt, dass wir eigentlich darauf hin üben, wie ein neugeborenes Baby zu sein. Babys haben nichts, was sie aufsparen, auch wenn sie ihr Wissen und ihre Erfahrung gebrauchen. Wirklich immer ganz von innen heraus lachen sie, wenn ihnen danach ist, und weinen einfach, wenn sie weinen wollen. Sie sind gänzlich unbefangen. Genau das ist das Wahre Ich oder – mit den „Zehn Ochsenbildern" ausgedrückt – der Zustand von Nichts aus dem achten Bild.

Übrigens sagte damals unser indischer Reiseführer: „Nach dem Bad im Ganges kann man wieder in den Zustand eines Neugeborenen zurückkehren. Der Ganges wäscht einem alle Sünden fort."

Es heißt, die Anhänger des Hinduismus hegen den innigen Wunsch, einmal im Leben unbedingt im Ganges zu baden, und nichts in der Welt würden sie dagegen eintauschen. Es zeugt von einer aufrichtigen Einstellung, eine lange Reise und zehn Tage des Fastens auf sich zu nehmen, um unbedingt seine Sünden abzuwaschen, die sich im Laufe des Lebens angesammelt haben. Was mag ihnen durch den Kopf gehen, wenn der Ganges an ihnen vorbeifließt? Was sieht man wohl mit dem Herzen eines Babys, wenn der lang gehegte Wunsch, im Ganges zu baden, in Erfüllung geht und man all seine Sünden loswird?

Was wäre denn, wenn einem zu Hause die Augen verbunden wären und man Ohrstöpsel trüge? Dann gäbe es doch keine Möglichkeit, etwas von außen zu erfahren. Alle Fenster zu den menschlichen Sinnesorganen zu schließen und mit einem Geist zu leben, der gleich einem Spiegel keinen Raum zum Denken gibt, das nennt man das Wahre Ich. Doch im Zen ist es nicht erlaubt, an diesem Ort, wo nichts ist, zu verweilen. Die Zen-Schulung legt Wert auf „Übungen nach der Erleuchtung" (jap. *gogo no shugyō*). Wenn man sich von diesem Ort, an dem nichts ist, komplett abwendet, die Fenster all seiner Sinneswahrnehmungen weit öffnet und sich die Welt da draußen einmal anschaut, dann breitet sich vor einem eine Welt aus, wo „Wasser von Natur aus grenzenlos ist, Blumen von Natur aus rot sind". Dann weiß man intuitiv, die unveränderbare Wahrheit liegt in der Natur, so wie sie ist, und es wird einem bewusst, dass genau dies die absolute Wahrheit ist.

Der Schriftsteller Ikezawa Natsuki, der für das Bilderbuch *Die Rote Schildkröte* den Text geschrieben hat, drückt es so aus:

„Es fällt auf, dass dies eine sehr ruhige Geschichte ist. Sie ist zurückhaltend, wirkt kontrolliert und ist ganz und gar nicht aufdringlich. Die Geschichte fließt leicht dahin. Es mag die ein oder andere erschreckende Stelle geben, vielleicht auch überraschende Wendungen, aber sie drängen sich nicht auf.“[32]

Buddha saß meditierend unter dem Bodhi-Baum. Als er das Licht des Morgensterns (die Venus) sah, wurde er erleuchtet. Er war fest davon überzeugt, dass in der Wärme des Bodhi-Baumes und im Licht der Venus enthalten war, wonach er suchte. Doch Sterne und Bäume drängen einem nichts auf. Sie sind einfach nur da.

Das Ende von *Das Schloss im Himmel*, *Nausicaä aus dem Tal der Winde* oder *Pom Poko* – sie alle beschreiben das Verhältnis zwischen der grandiosen Natur und dem Menschen. Besonders *Die Rote Schildkröte* erklärt uns ganz intuitiv, dass der Mensch letztlich ein Teil der Natur und untrennbar mit ihr verbunden ist.

Die Worte von Michael Dudok de Wit, dem Regisseur von *Die Rote Schildkröte*, vertiefen unsere Gedanken noch:

„Die Natur ist dem Menschen nicht entgegengestellt, sie lebt genauso wie wir.“[33]

Auch wenn wir dies mit unserem Kopf verstehen wollen, wir können es uns kaum zu eigen machen. Denn es ist unerlässlich, den Ochsen zu finden, oder einfach zu wissen, wer das *Wahre Ich* ist. Nur wenn man dem Wahren Ich auf den Grund geht, kann man wirklich erkennen, dass man mitten in der Natur lebt, die ganz selbstverständlich direkt vor einem existiert.

Aus der Ferne betrachtet unterscheidet sich unser Leben in keiner Weise von dem gestrandeten Mann. Auch wenn das eigene Leben zu Ende geht, der Lauf der Jahreszeiten setzt sich einfach fort, die Blumen blühen und das Wasser fließt.

Der Protagonist war auf einer einsamen Insel gestrandet, er hatte seine traurigen und schmerzhaften Gedanken allein zu ertragen und bemühte sich mit aller Kraft, von der Insel zu entkommen. Andererseits konnte er sich aber auch verlieben und Vater werden, den Sohn aufwachsen sehen und ihn verabschieden, als der sich auf die Reise machte. Dann endete sein Leben. Doch wie jeden Tag ging auf der Insel wieder die Sonne auf und die Wellen rollten an den Sandstrand. Das Wasser fließt in weiter Ferne dahin, die Blüten blühen karmesinrot.

Ich habe das Gefühl, im unaufhörlichen Fließen des Ganges, den ich in Indien mit eigenen Augen sah, die wahre Bedeutung von „Wasser ist von Natur aus grenzenlos, Blumen sind von Natur aus rot" erkannt zu haben.

Das Leben der Menschen und deren soziale Unterschiede, der Ochse, Religionen, der Tod und vieles mehr waren alle mit dem Ganges verbunden.

Genau diese Szenerie ließ in mir die Frage aufkommen: „Wie lebt ihr?"

Im Zen ist es nicht erlaubt, im Nichts zu verweilen. Wenn man sich von dem Ort, an dem nichts ist, komplett abwendet, die Fenster all seiner Sinneswahrnehmungen weit öffnet und sich die Welt da draußen einmal anschaut, dann breitet sich vor einem eine Welt aus, wo „Wasser von Natur aus grenzenlos ist, Blumen von Natur aus rot sind".

Die zehn Ochsenbilder (Sammlung des Shōkokuji-Tempels)

Der Ochse steht für das uns angeborene wirkliche Ich, unser Wahres Selbst, das Herz Buddhas (die Buddha-Natur). Die „Zehn Ochsenbilder" sind eine Methode, nach dem verlorenen Ochsen (der Buddha-Natur) zu suchen, die in zehn Schritte unterteilt ist.

Die Suche nach dem Ochsen (1)

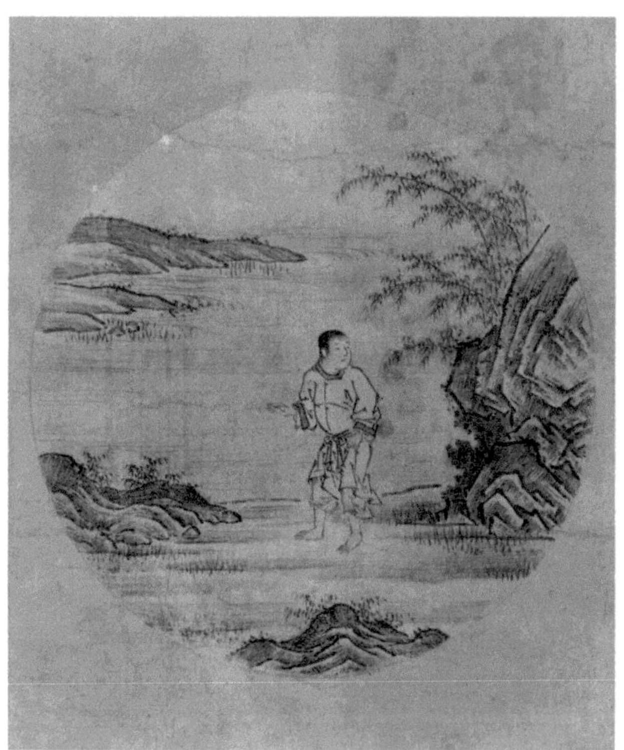

Der Hirte, der den Ochsen (die Buddha-Natur) aus den Augen verloren hat, beschließt, nach dem Ochsen zu suchen, und bricht auf.

Das Finden der Ochsenspur (2)

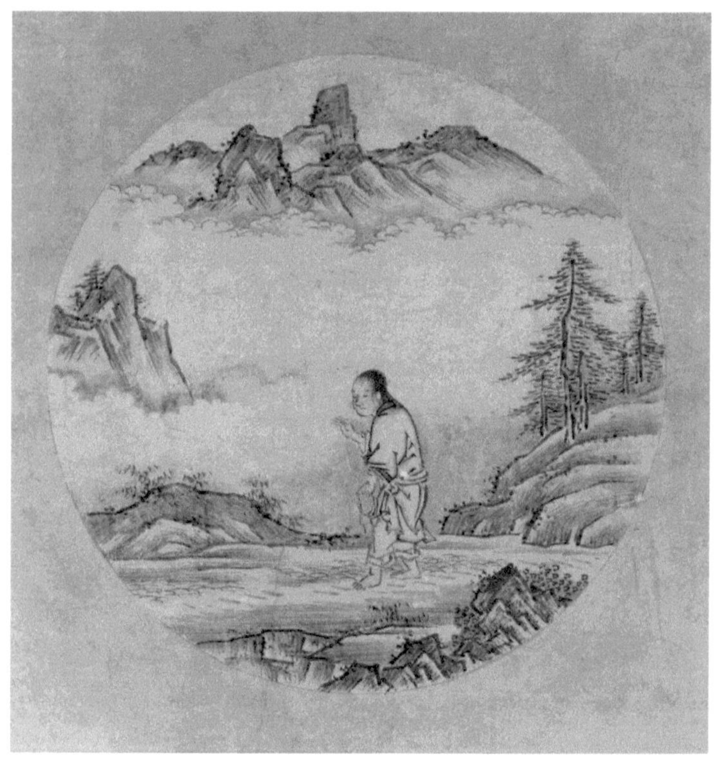

Der Hirte, der sich auf den Weg gemacht hat, findet schließlich die Ochsenspuren. Noch hat er den echten Ochsen nicht gefunden. Er hat nur ein paar Fußspuren entdeckt.

Das Finden des Ochsen (3)

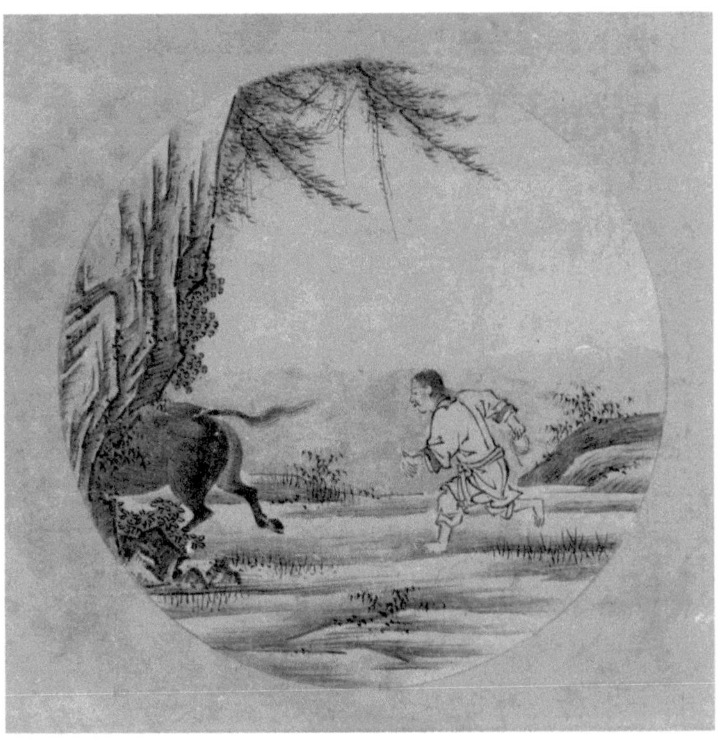

Durch das Muhen des Ochsen kann er ihn vage ausmachen.

Das Fangen des Ochsen (4)

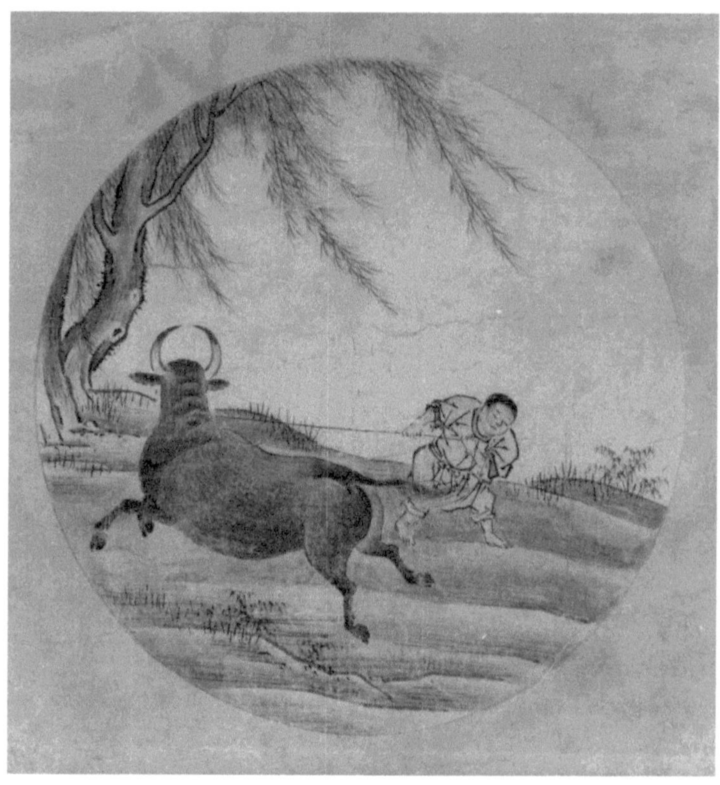

Mit Hilfe von Zügeln und unter größten Anstrengungen gelingt es ihm, den Ochsen einzufangen. Der Ochse folgt dem Hirten noch immer nicht, wie der es möchte.

Das Zähmen des Ochsen (5)

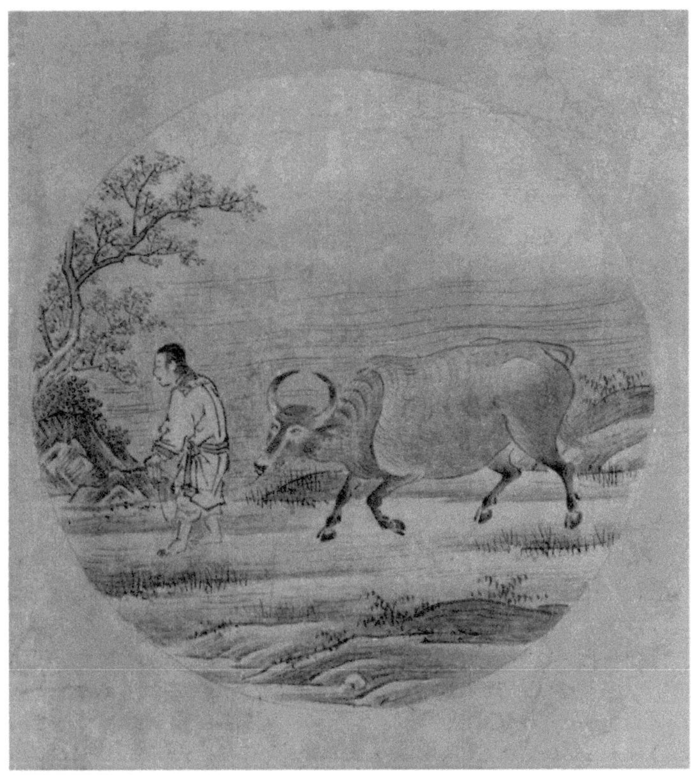

Der Hirte konnte die Zügel lockern und den Ochsen zähmen. Lohn seiner Mühe ist, dass der Ochse in den Besitz des Hirten gefallen ist. Auf das alltägliche Leben bezogen ist das der Punkt, an dem man nun frei und ungebunden ist.

Die Heimkehr auf dem Rücken des Ochsen (6)

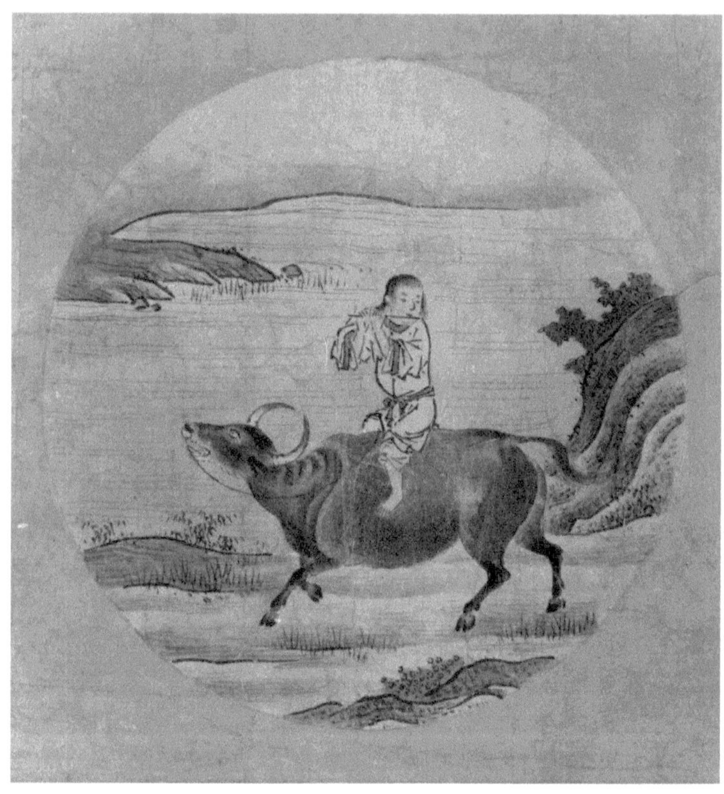

Der Hirte reitet auf dem Ochsen heim und spielt dabei Flöte. Das ist der Zustand, wo man bestens gelaunt in seine geistige Heimat zurückkehrt, ganz so wie es sich das Herz ersehnt.

Der Ochse ist vergessen, der Hirte bleibt (7)

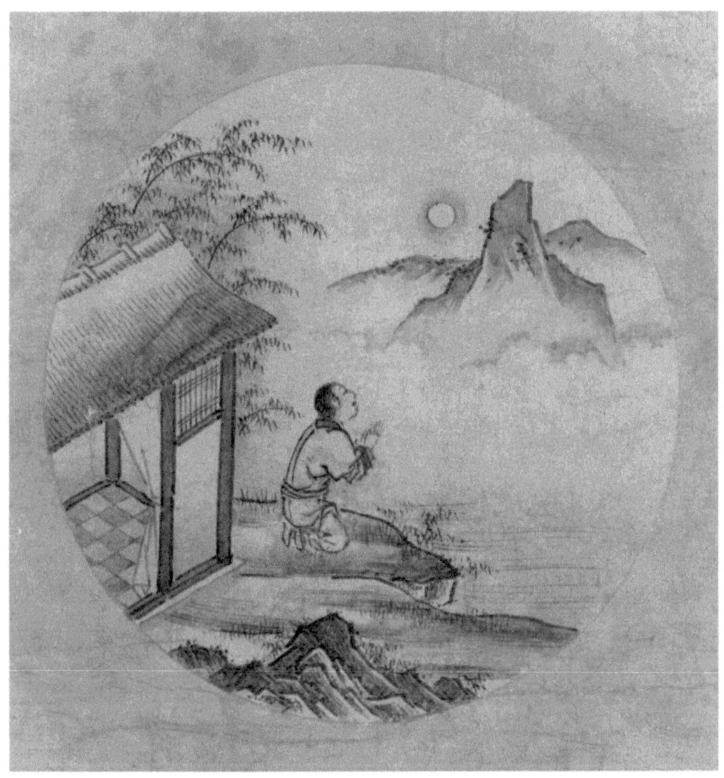

Der nach Hause zurückkehrte Hirte vergisst den Ochsen. Hier wird einem klar, dass der Ochse und man selbst ursprünglich eins waren.

Die vollkommene Vergessenheit von Ochs und Hirte (8)

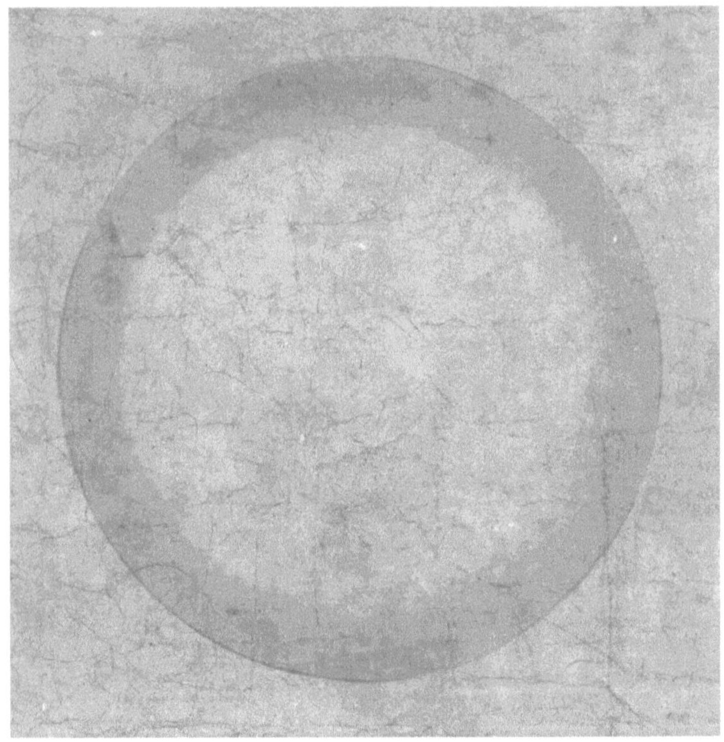

Wenn der Gefährte verschwindet, in diesem Fall der Ochse, so verschwindet, ehe man sich versieht, auch die sogenannte eigene Existenz. Das ist der Gemütszustand von *Nichts*, beim dem alles in Vergessenheit geraten ist.

Zurück zu den Wurzeln, Rückkehr zur Quelle (9)

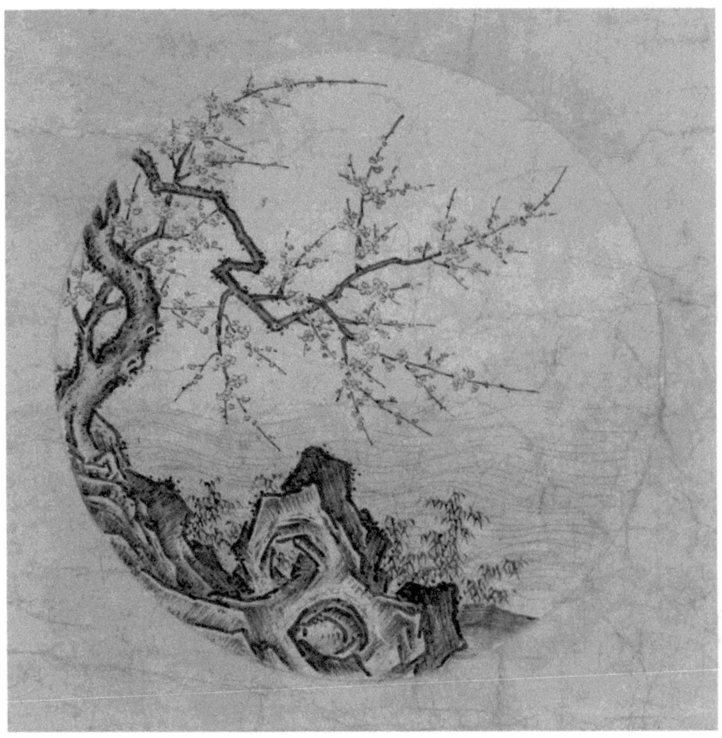

Hier hat der Hirte einen Schritt über das Gefühl des *Nichts* hinaus getan und ist in die vorherige reale Welt zurückgekehrt. Wie zuvor auch breitet sich die gleiche Szenerie vor ihm aus, doch irgendwie gibt es Unterschiede zu früher.

Das Kommen auf den Markt mit offenen Händen (10)

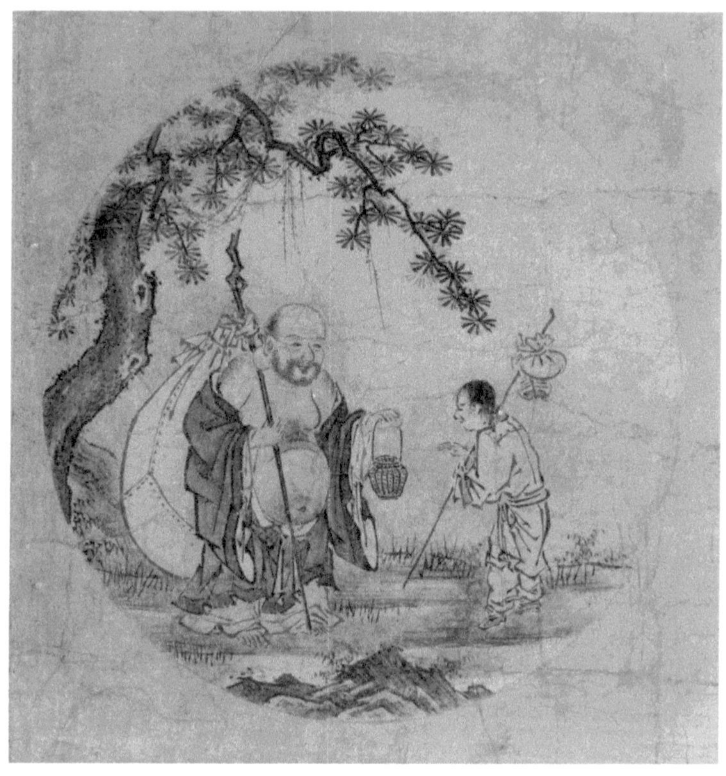

Hier kommt der Hirte in eine Stadt und reicht jemandem seine helfende Hand. Wenn man so weit gekommen ist, dann nutzen den Menschen schon gewöhnliche Worte und jede einzelne Tat.

IX

„Keinen Ort zum Wohnen haben, diesen Geist sollten sie erzeugen“ und *Die Legende der Prinzessin Kaguya*

Eine wahrlich frische Herbstnacht. Es ist eine etwas einsame Stimmung, wenn der heiße Sommer vorüber ist und der Winter mit seiner bitteren Kälte allmählich näher rückt. In dieser langen Herbstnacht steht hoch am Himmel ein wunderschöner Vollmond und scheint hell über dem Tempelgelände. Auch wenn ich kein Dichter bin, möchte ich ein paar Gedanken dazu niederschreiben. Der Mond kann als Mondschau-Sake (jap. *tsukimi sake*) anlässlich des Mondfestes gereicht werden[34], oder einem des Nachts den Weg leuchten. Ein andermal kann er wiederum der Auslöser dafür sein, dass sich jemand in einen Werwolf verwandelt. Selbst in Indien, dem Geburtsland des Buddhismus, gelten unter anderem der Geburtstag Buddhas und der Tag seiner Erleuchtung als Tage des Vollmonds. Da der Mond andererseits auch als „Land der Toten“ bezeichnet wird, ist die Beziehung zwischen Mensch und Mond recht schwer zu ermessen.

Auch in unserer Zen-Welt gilt der Mond als etwas Besonderes. Das höchste anzustrebende Ziel, die Zen-Erleuchtung, wird mit dem Mond verglichen. Das liegt daran, dass der Mond Universalität besitzt, denn er scheint ausnahmslos auf alle Menschen und ist zugleich als einziger das absolute Sein. So trägt der Mond die Gleichheit in sich, wenn er sich in einem Fluss, Teich oder selbst in einer vertrauten Pfütze spiegelt, solange nur das Wasser klar ist. Ebenso wird hierbei nicht unterschieden, ob der Mond auf etwas scheint oder ob etwas von ihm angestrahlt wird.

Außerdem drückt die runde Form des Vollmondes die Zen-Erleuchtung aus, die man nicht in Worte fassen kann. Der Kreis bedeutet, dass es darin weder Mangel noch Überfluss gibt, auch keinen Anfang und kein Ende.

An dieser Stelle kommen mir plötzlich Zweifel. Warum vergleicht man den Mond mit der Erleuchtung und nicht die Sonne, die doch als Quelle allen Lebens gilt und dieselbe kreisrunde Form aufweist? Ich habe über Verschiedenes nachgedacht. Dabei bin ich auf drei mögliche Antworten gekommen. Erstens, der Mond leuchtet nicht von allein. Der Mensch kann auch nicht von sich aus leben, er kann nur auf Basis einer beziehungsorientierten Welt existieren. Genau aus diesem Grund wird die Zen-Erleuchtung durch den Mond dargestellt und nicht durch die Sonne, die von selbst scheint. Zweitens, der Mond erhellt die stockfinstere Nacht. In dieser Welt mit ihrer uns quälenden Finsternis lehrt uns der Mond, dass unsere Umgebung heller wird, wenn wir ein Licht hineintragen und nicht wie besessen versuchen, die Finsternis gänzlich zu beseitigen. Und zu guter Letzt gibt es noch den Neumond. Zwar kann man den Mond in der Nacht des Neumonds nicht sehen, aber natürlich ist er nicht weg. Obwohl er da ist, können wir seine Existenz, ohne dass Licht auf ihn fällt, nicht wahrnehmen. Genauso verhält es sich mit den Zen-Worten, die uns den nicht sichtbaren Mond, mit anderen Worten die Erleuchtung zeigen. Wenn wir den Blick nach vorn richten können, worauf die Zen-Worte deutlich verweisen, wie ein Finger, der auf den Ort deutet, wo sich der Mond gerade befindet, dann können wir den Mond auch andächtig betrachten.

Der Ghibli-Film, um den es diesmal geht, heißt *Die Legende der Prinzessin Kaguya* (jap. *Kaguya hime no monogata-*

ri). Es ist eigentlich unnötig zu erwähnen, dass die Vorlage *Die Geschichte vom Bambussammler* (jap. *Taketori monogatari*) allen bekannt ist, da sie an den japanischen Oberschulen auf dem Lehrplan für Klassische Literatur steht. Der Film gilt als Meisterwerk des verstorbenen Regisseurs Takahata Isao. Es handelt sich um die Geschichte eines entzückenden kleinen Mädchens, nicht größer als eine Puppe, das in einem glänzenden Bambus steckte. Während es von einem alten Bambussammler und seiner Frau liebevoll aufgezogen wurde, entwickelte es sich zu einer wunderschönen Prinzessin. Sie stellte ihren adligen Freiern unlösbare Aufgaben und wies sie zurück. In einer Vollmondnacht holte sie dann eine Gesandtschaft ab und kehrte mit ihr zum Mond zurück. Dies ist eines der alten Märchen, das in Japan jeder kennt.

Als Kind wurde Prinzessin Kaguya ling“ (jap. *Takenoko*) gerufen, sie machte sich dreckig und spielte mit den Kindern im Dorf. Sie war frei von Sorgen, ihr Lachen kam von Herzen und ihr Leben zusammen mit den anderen Kindern war glücklich. Doch der alte Mann, der nur das Glück der Prinzessin im Sinn hatte, gab sich mit ihrem fröhlichen Gesicht allein nicht zufrieden. Er sagte: „Ihr Glück besteht darin, in die Hauptstadt zu gehen, eine edle Prinzessin zu werden, und dass sich ein junger Adliger auf den ersten Blick in sie verliebt.“ So ergriff er die Gelegenheit, als er zu viel Geld kam, einen geeigneten Heiratskandidaten für die fortan in der Hauptstadt wohnende Prinzessin zu finden.

Zum Film *Die Legende der Prinzessin Kaguya* fällt mir das Zen-Wort „Keinen Ort zum Wohnen haben, diesen Geist sollten sie erzeugen“ (jap. *Ōmushojū nishō goshin*) ein. Diese Zeile gilt als Kernaussage des *Diamant-Sutras* (jap. *Kongōkyō*), das heißt, es ist die wichtigste Stelle. Hier wird erklärt: „Wahrheitssuchende und gute Menschen müssen einen Geist hervorbringen, der an nichts festhält. Sie dürfen keinen Geist hervorbringen, der an Stimme, Geruch, Geschmack, zu Berührendem oder einem Objekt des Bewusstseins festhält. Keinen Ort zum Wohnen haben, diesen Geist sollten sie erzeugen." Der Begriff „Wohnen" steht für das Festhalten des Geistes, das Verweilen des Geistes an einer Stelle, dafür, anzuhaften und nicht loszukommen. Von diesem Wohnen heißt es sogar, dass es die grundlegende Ursache für alle erdenklichen Täuschungen in Bezug auf das menschliche Leben ist. „Keinen Ort zum Wohnen haben" bedeutet im Wesentlichen: „Während der Geist frei und ungebunden arbeitet, hat er gleichzeitig keinen Ort zum Verweilen."

Zudem veranlasste wohl dieses Zen-Wort den berühmten chinesischen Mönch Huineng (jap. Enō), der als sechster die Nachfolge von Bodhidharma übernommen haben soll, in ein Zen-Kloster einzutreten. Meister Huineng, ein armer Feuerholzverkäufer aus der chinesischen Provinz Guangdong, traf eines Tages auf einen Mönch, der in der Stadt das *Diamant-Sutra* rezitierte. Die darin enthaltenen Worte „Keinen Ort zum Wohnen haben, diesen Geist sollten sie erzeugen" berührten ihn dermaßen, dass er sich entschloss, ins Kloster einzutreten. Infolge dieser Worte fand er letztlich Erleuchtung.

Hat nicht ein jeder schon die Erfahrung gemacht, bei einer Sache, die man normalerweise ohne Nachdenken ausführen kann, nervös oder gar unfähig gewesen zu sein, sie zu tun? In meinem Fall ist es das Rezitieren von Sutren und ähnlichem. Wenn ich beim Vorlesen aus dem Sutrenbuch noch über die gerade zuvor gesagten Wörter und deren Bedeutung nachdenke, während ich weiterlese, fallen mir die folgenden Wörter plötzlich nicht mehr ein, obwohl ich sie von klein an wie von selbst auswendig vortragen konnte.

Das liegt bestimmt daran, dass mein Geist zu diesem Zeitpunkt von etwas anderem abgelenkt wird und deswegen wohl nicht mehr richtig funktionieren kann. Menschen werden manchmal verleitet und gefesselt von dem, was sie mit ihren Augen sehen, was sie mit ihren Ohren hören, was sie mit ihrer Nase riechen, was sie mit ihrer Zunge schmecken, was sie mit ihrem Körper und Geist fühlen und was sie im Innersten denken.

*

Zen-Meister Takuan, dem die Erfindung des „getrockneten und eingelegten Rettichs" (jap. *takuan*) zugeschrieben wird und der als Zen-Mönch in der Edo-Zeit eine wichtige Rolle spielte, schrieb in seinem Buch „Wundersame Aufzeichnungen über die unbewegliche Weisheit" (jap. *Fudōchi Shinmyōroku*), das er für den Schwertmeister Yagyū Tajimanokami[35] verfasst hatte, zu „Keinen Ort zum Wohnen haben, diesen Geist sollten sie erzeugen" Folgendes:

„Was das ‚Wesen von Aufmerksamkeit' (jap. *kei no ji no kokoro*) angeht, so meint man, der Geist wird daran gehindert, an einem anderen Ort tätig sein zu wollen, dass er also anderswo nichts machen darf, weil er ansonsten nur verwirrt wird. Es ist ein Zustand, wo der Geist mit höchster Konzentration angespannt bleibt. Dies ist eine nur zeitweilige Methode, um seinen Geist einstweilen nicht abzulenken. Wenn man dies immer wieder macht, wird es so unangenehm, dass es einem den Atem nimmt. Wird zum Beispiel ein Spatzenjunges von einer Katze gefangen, würde man die Katze, damit es nicht noch einmal passiert, sorgfältig anbinden.

Man kann sich aber nicht so verhalten, wie man will, wenn der eigene Geist in einem kümmerlichen Zustand gelassen wird wie die angebundene Katze. Kann man stattdessen der Katze beibringen, den Spatz nicht zu fangen, ist es ungefährlich, wenn Katze und Spatz zusammen sind, selbst wenn man die Katze nicht mehr im Auge behält. Genauso verhält es sich mit dem Satz ‚Keinen Ort zum Wohnen haben, diesen Geist sollten sie erzeugen'. Gemeint ist, dass sich der eigene Geist so frei fühlt wie eine Katze, die nicht mehr angebunden ist, und der allein versucht, nicht anzuhaften."[36]

Diese Form der Aufmerksamkeit bedeutet „sich zu konzentrieren, sich nicht ablenken zu lassen". Gemeint ist, sich auf einen Ort festzulegen und nicht noch etwas an einem anderen Ort zu tun. Man mag dies für eine sehr wichtige Angelegenheit halten, doch Zen-Meister Takuan hielt diese Aufmerksamkeit nicht für die beste. Natürlich ist es wichtig, den Geist nicht zu verwirren, wenn man inmitten einer Übung ist, um nach dem Weg zu suchen. Aber durch das wiederholte Üben lernt man, den Geist frei und ungebunden arbeiten zu lassen, wenn man seine Gedanken sonst wo hat. Letzten Endes ist gerade die Szene, in der Prinzessin Kaguya die Katze mit den Worten losmacht: „Aber das arme Tier war festgebunden", für die Suche nach dem Weg von entscheidender Bedeutung.

Das menschliche Leben steht für die Begegnung mit vielen Dingen. Allein die Emotionen von Freude, Zorn, Trauer und Glück reichen nicht aus, denn unser Geist wird von den verschiedensten Dingen gefangen genommen. Genau so verbringen wir einen Tag nach dem anderen, mal glücklich und mal traurig, und wenn wir zufrieden oder verletzt sind, lachen beziehungsweise weinen wir. Damit uns dies nicht zu sehr in Unruhe versetzt, meint man vielleicht, es sei besser, seine Gefühle einfach zu verbergen, nach dem Motto: „Nichts sehen, hören und sagen.“ Wenn man sich mit niemandem trifft, muss man sich auch keine Gedanken um die Beziehung zu diesen Leuten machen. Hält man sich kein Haustier, braucht man auch nicht traurig zu sein, wenn es stirbt. Aber ist das wirklich gut so? Prinzessin Kaguya sagte es uns: „Es muss doch vorkommen dürfen, dass eine edle Dame schwitzt oder mal laut lachen will. Oder vielleicht weinen muss. Oder wütend wird und herumschreit.“ Sie meint, dass eine edle Dame ansonsten kein Mensch sei. Wenn man sieht, hört und spricht, kann man womöglich auch verletzt werden. Sofern der Geist dann nicht für immer daran haften bleibt, kommt man auch damit klar. Sich genau diese Lebensweise von „Keinen Ort zum Wohnen haben, diesen Geist sollten sie erzeugen“ zu eigen machen, ist nichts Geringeres als die „Erleuchtung durch Zen“.

Der Geist von Prinzessin Kaguya haftete nur einmal an, als sie nämlich darüber, dass der Kaiser sie von hinten umarmt hatte, sagte: „Ich will nicht länger hier sein.“ Man sagt, wenn die tausendarmige Senju Kannon ihre Aufmerksamkeit nur auf einen einzigen ihrer Arme lenkt, sie ihre anderen 999 Arme nicht zur gleichen Zeit benutzen kann. Selbst Prinzessin Kaguya, die ihren Geist jederzeit frei bewegen konnte, hielt schließlich an einem Gefühl fest und blieb darin stecken.

Als in der Szene, wo die Gesandtschaft vom Mond sie abholen kommt, ein Abgesandter zu Prinzessin Kaguya sagte: „Nun denn, lasst uns gehen. Wenn Ihr zur Mondstadt zurückgekehrt seid, wird es nichts mehr geben, dass Euer Herz derart aufwühlt, und alles, was Euch in dieser Welt verunreinigt hat, wird von Euch genommen“, kam Prinzessin Kaguya zur Besinnung und widersprach heftig: „Diese Welt ist nicht unrein! Freude und Trauer erfüllen alle Wesen, die hier leben, mit ihrer Farbe … Vögel, Käfer, alle Tiere, Gräser, Bäume und Blumen und die Barmherzigkeit der Menschen.“ Während ich mir diese Zeilen durch den Kopf gehen lasse, denke ich, dass Prinzessin Kaguya mit Sicherheit eine ziemlich eigensinnige Prinzessin sein mag. Ich meine aber keinen Eigensinn in Form von Selbstsucht, sondern einen freien und ungebundenen Eigensinn im Sinne von „Keinen Ort zum Wohnen haben“.

Der effektivste Weg, die Leiden des Lebens loszuwerden, ist vielleicht, keine Gefühle mehr zu haben. Aber ist es unsere Bestimmung, in solch einer farblosen Welt zu leben? Lache, wenn du lachen willst, und weine, wenn du weinen willst. Ich habe den Eindruck, dass dann eine Lebensweise, die nirgendwo anhaftet, unser Leben mit Glück erfüllen wird.

Lache, wenn du lachen willst,
weine, wenn du weinen willst.
Das führt zu einer Lebensweise,
die nirgendwo anhaftet.

X

„Überall, wo Eigenständigkeit herrscht, ist ein Ort der Wahrheit“ und *Chihiros Reise ins Zauberland*

Die Tage werden allmählich kürzer und die Bäume auf dem Tempelgelände beginnen sich zu verfärben. Es ist die Zeit, in der man das Herannahen des Winters spüren kann. Meine Stimmung, als ob mein Körper in diesen Tagen besonders angespannt wäre, erinnert mich an die Zeit meiner Zen-Ausbildung. Ab dem ersten Dezember wurde in unserer Übungshalle eine siebentägige Schulung namens „Rōhatsu Daizesshin“ veranstaltet, was so viel wie „Acht Tage intensives Zazen im 12. Monat“ bedeutet. Der Name bezieht sich darauf, dass Buddha am 8. Tag des 12. Monats bei Tagesanbruch den Morgenstern sah und erleuchtet wurde. Es heißt, er habe sieben volle Tage lang, vom ersten Tag bis zum Morgengrauen des achten Tages ununterbrochen im Sitzen meditiert, ohne sich hinzulegen, egal ob bei Tag oder Nacht.

Jene Tage werden auch „Tod der Novizen“ (jap. *unsui inochitori*) genannt und sind ohne Zweifel die härtesten des Jahres. Nicht nur mit dem allerersten Näherrücken dieser Zeit zu Beginn meiner Zen-Ausbildung, sondern auch über die folgenden vielen Jahre hinweg war meine Anspannung, wenn diese Tage bevorstanden, immer wieder unbeschreiblich groß, und bis heute bemerke ich noch ein Zittern.

Wenn ich so überlege: Die jungen Mönche, die im April mit ihrer Ausbildung begonnen haben, kochen ihren Reis in einem Topf, den sie bis dahin noch nie angefasst haben, rasieren sich den Kopf mit einem japanischen Rasiermesser, wie es in Kostümfilmen vorkommt, und führen ein Leben, als hätten sie eine Zeitreise zurück in die Edo-Zeit gemacht. So etwas wie eigene Wünsche sind vollkommen fehl am Platz, auch Ausreden und Fragen sind nicht erlaubt. Man ist gezwungen, sich den sogenannten traditionellen Regeln des Dōjō zu fügen. Das heißt mit anderen Worten, dass es notwendig ist, sich seiner Umgebung zu unterwerfen.

Der Ghibli-Film, dem ich mich dieses Mal widme, heißt *Chihiros Reise ins Zauberland* (jap. *Sen to Chihiro no kamikakushi*). Es handelt sich um eine abenteuerliche Geschichte über die Entwicklung von Chihiro, einem Mädchen, das in eine andere, von Gottheiten bewohnte Welt geraten ist. Regisseur Miyazaki Hayao soll diesen Film für eine 10-jährige Freundin gemacht haben.

Für mich als modernes Kind, das im Tempel aufgewachsen war, die Studienzeit genossen und seine freie Zeit mit Nebenjobs und Klubaktivitäten verbracht hatte, war diese sogenannte Übungshalle, die mich nun beherbergte, eine komplett andere Welt, genauso wie die in *Chihiros Reise ins Zauberland*.

Chihiro, die im Auto schmollt und trotzt, sieht genauso aus wie ich zu der Zeit, als ich studierte. Damals war ich davon überzeugt, dass ich, weil ich in einem Tempel geboren war, in die Fußstapfen meiner Eltern treten, mich in ein Dōjō begeben und Mönch werden müsse. Wenn ich schon mitten in der Pubertät die Tonsur bekäme und in ein strenges Dōjō eintreten müsse, wollte ich wenigstens die Zeit bis zu den Schulungen so verbringen, wie ich wollte. In meiner Studienzeit konnte ich tun und lassen, was ich wollte, da es schließlich heißt, nach dem Abschluss könne man nicht mehr so leben, wie man wollte.

Auch für mich kam diese Zeit, und sobald ich meinen Abschluss in der Tasche hatte, trat ich mit einem unguten Gefühl und voller Anspannung in ein Dōjō ein. Genauso wie Chihiro sich am Arm ihrer Mutter festhielt, als sie durch den Tunnel ging.

*

Was Chihiro jenseits des Tunnels erlebt hat, wird in der Zen-Welt wie folgt beschrieben:

„Überall, wo Eigenständigkeit herrscht, ist ein Ort der Wahrheit" (jap. *Zuisho ni shu to nareba, ritsusho mina shin nari*).

Es handelt sich hier um Zen-Worte aus den „Aufzeichnungen des Linji" (jap. *Rinzairoku*)[37], die der Gründer der Rinzai-Sekte, Zen-Meister Linji Yixuan (jap. Rinzai Gigen) seinen Schülern sagte. Sie bedeuten: „Wenn man unabhängig ist, ist dies stets ein Quell der Wahrheit." Das heißt, egal wann, wo oder was man tut, man ist hier und jetzt die agierende Person, ohne sich von der Umgebung mitreißen zu lassen.

Wenn man mal ins *Rinzairoku* schaut, steht unmittelbar vor diesen Zen-Worten das Folgende:

„Es ist wahr, dass Zen keinen besonderen Effekt hat und etwas ist, das gerade im ganz gewöhnlichen Alltag vorkommt. Wir essen Dinge, gehen zur Toilette, wechseln unsere Kleidung und legen uns hin, wenn wir müde sind. Zen ist das, was wir im täglichen Leben beiläufig tun. Dumme Menschen lachen vielleicht darüber, wenn sie hören, dass Zen keine große Sache ist. Aber wenn man jemand ist, der den Grund der Dinge versteht, dann stimmt man wohl zu, dass dies die Wahrheit ist. Man sollte sich von seiner Umgebung nicht beeinflussen und in etwas hineinziehen lassen."

Was bedeutet hier eigentlich: „Sich von seiner Umgebung nicht beeinflussen lassen und jederzeit eigenständig leben?“ Beim Nachdenken fiel mir eine Geschichte von einem Mönch ein, den ich sehr schätze, und die einen Hinweis darauf gibt.

Im China der Tang-Zeit lebte der bekannte Mönch Zhaozhou (jap. Jōshū Jūshin), der mit seinen Mönchen, die sich in der Ausbildung befanden, Lehrgespräche (jap. *mondō*) führte.

„Wenn einem ein großes Unglück widerfährt, wie kann man ihm entkommen?“ Der Meister antwortete: „Haltung.“

In einer anderen Lesart der chinesischen Schriftzeichen bedeutet das letzte Wort so viel wie: „Nun, ich habe darauf gewartet.“ Folglich wäre auf die Frage des jungen Mönchs: „Wenn Sie selbst ein sehr schwieriges Problem haben, wie würden Sie ihm entfliehen?“, die Antwort von Mönch Zhaozhou: „Nun ist es also da! Ich habe schon darauf gewartet.“

Wenn einem eine ausweglose Katastrophe widerfährt, oder wenn man in eine hoffnungslose Lage gerät, muss man damit zurechtkommen. Man fragt sich, wie man ihr hätte entkommen können und warum einem selbst so etwas zustoßen musste, und ist zugleich auf sein Umfeld sauer. Es gibt sogar Leute, die über ihr fehlendes Glück jammern, wenn sie mal Pech haben. Aber Meister Zhaozhou war anders.

Egal, in welche Bedrängnis er geriet, er stellte sich ihr mit den Worten: „Nun ist es also da!“

„Jetzt, wo er schon mal da ist, müssen wir uns auch um ihn kümmern.“

So lauten die Worte von Yubaba, als ein Faulgott das Badehaus betritt, in dem Chihiro zum ersten Mal ihren Putzdienst ableistet. Ungebetene Gäste tauchen auch in unserem Leben auf. Man gerät in eine unvorhersehbare Naturkatastrophe, oder bei einer unerwarteten personellen Umstrukturierung am Arbeitsplatz wird einem eine unerwünschte Aufgabe zugeteilt. Anstatt sich ständig mit der Frage zu beschäftigen, wie man diesem Schmerz und dieser Traurigkeit nur entkommen kann, sowie seinem Umfeld trotzig die Schuld dafür zu geben, sollte man sich fassen und es angehen. Das ist der beste Weg, um ein großes Unglück zu vermeiden. Und Yubabas Worte sind damit noch nicht zu Ende.

„Aber seht zu, dass ihr ihn so schnell wie möglich wieder loswerdet!"

Leid als solches sollte man standhaft hinnehmen, aber dabei nicht die Absicht haben, es für immer in sich zu tragen. Auf diese Weise wird man nicht von seinen Lebensumständen vereinnahmt.

*

Als Nächstes möchte ich darüber sprechen, was eigentlich damit gemeint ist, jederzeit eigenständig zu sein.

Wunderbare Worte stehen in meinem Lieblingsbuch, dem Bestseller „Blühe dort, wo du hingepflanzt wurdest"[38] von der verstorbenen Ordensschwester Watanabe Kazuko. Ein Missionar soll der Verfasserin, die ihr Selbstvertrauen verloren hatte und gar mit dem Gedanken spielte, das Kloster zu verlassen, ein kurzes Gedicht gegeben haben. Dessen Anfangszeilen lauteten: „Blühe dort, wo du hingepflanzt wurdest."

„Ich habe mich verändert. Genau. Ich bin nur ein Sklave meiner Umwelt, wenn ich unzufrieden damit bin, wo ich hingepflanzt wurde, und wenn ich vom Verhalten anderer abhängig mache, ob ich glücklich oder unglücklich bin.

Da ich als Mensch geboren wurde, konnte ich mich entscheiden, Herr meiner Umgebung zu werden und meine eigene Blume zum Blühen zu bringen, egal wo ich hingepflanzt wurde. Das war nur möglich, indem ich mich veränderte."

„Überall, wo Eigenständigkeit herrscht": Damit ist nicht gemeint, dass Eigenständigkeit vom Ego im Sinne von „ich, ich" durchdrungen wird. Ich halte es für angemessen, es das Wahre Selbst zu nennen, das man von Geburt an besitzt. Es ist nicht das Selbst, das gewöhnlich anderen Menschen gegenübertritt. Es blüht an dem Ort, der einem zugeteilt wurde, ohne Sklave seiner Umwelt zu werden. Das meint also nicht, ganz und gar auf das Blühen zu verzichten, sondern dass es wichtig ist, mit einem entschlossenen „Nun bin ich also hier!" zu blühen. Das sind Unabhängigkeit und das Erzeugen von Eigenständigkeit, so wie sie sind.

Statt sich mit dem, was unmittelbar vor uns liegt, zufriedenzugeben und zurechtzukommen, lassen wir uns von allem, was wir sehen, hören usw., also was über unsere fünf Sinne von außen zu uns hereindringt, hinreißen und werden kopflos, sodass wir unsere Tage lieber damit verbringen, uns mit den Menschen um uns herum zu vergleichen und unzufrieden zu sein. Und selbst dieses Gemurre wird anderen angelastet. Wir lassen uns von unserer Umgebung hinreißen und verführen, weil unser Geist nicht leer ist. Diese Worte lehren uns: Wenn wir nur Gelassenheit an den Tag legen, wird alles auf der Stelle wahr, und wir sind in der Lage, ein reges Leben zu führen.

Vollkommen gelassen zu sein, ist in keiner Weise mit Gedankenlosigkeit gleichzusetzen. Es geht darum, so zu leben, dass man sich nur auf eine Sache direkt vor einem konzentriert. Dann geht unser Geist komplett auf Null. Ursprünglich sind wir leer. Wie viele schöne Landschaften man auch sehen mag, der Geist sollte nicht voll davon werden. Unser Geist ist nicht auf das Standardformat für Kinofilme mit vierundzwanzig Bildern pro Sekunde beschränkt, und unsere Vorstellungskraft kennt keine Grenzen.

„Füll meinen leeren Körper auf!"
(Songtext von Kaku Wakako)[39]

„Dieser Film ist eigentlich eine Abenteuergeschichte, obwohl es darin weder um geschwenkte Waffen noch den Vergleich übernatürlicher Kräfte geht. Obwohl ich Abenteuer sage, Hauptmotiv ist nicht die Gegenüberstellung von richtig oder falsch. Vielmehr wird es die Geschichte eines jungen Mädchens sein, das mitten in eine Welt gerät, von der man zu recht sagen kann, dass darin sowohl gute Geister als auch Schurken leben, alle bunt durcheinander gewürfelt. Sie lernt, erfährt Freundschaft und Aufopferung, entfaltet ihren Verstand und kommt heil zurück. Sie überwindet Schwierigkeiten, geht ihnen aus dem Weg und kehrt erst einmal zu ihrem früheren Alltag zurück. Ebenso verschwindet die Welt nicht einfach, weil sie das Böse besiegt hat. Am Ende findet sie die Kraft zu leben."[40]

Es ist ein großes Abenteuer, bis die zehnjährige Chihiro selbständig wird. Der Schlüssel dazu lag nur im vertrauten Alltagsleben. In der mysteriösen Welt jenseits des Tunnels war sie in der Lage, auf sich selbst zu schauen anstatt auf ihr Ego, und nun kann sie überall eigenständig leben. Was sie tatsächlich ausgehändigt bekam, war vielleicht nur ein Haarband. Auch wissen wir nicht, ob ihr in Zukunft mehr Täuschung und Leid widerfahren werden als Freude. Trotzdem bin ich mir ganz sicher, dass sie ein glückliches Leben führen wird, solange sie nach vorne blickt.

„Jenseits des Meeres – Suche nicht mehr danach – Was so glänzt – War schon immer hier – In mir – Wenn ich es finden kann.“ (Songtext von Kaku Wakako, s. o.)

In der mysteriösen Welt jenseits des Tunnels war Chihiro in der Lage, auf sich selbst zu schauen anstatt auf ihr Ego, und nun kann sie überall eigenständig sein.

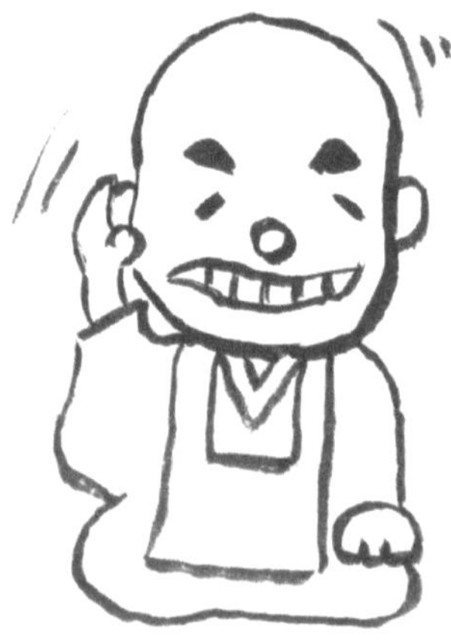

XI

„Licht und Schatten – zwei Seiten derselben Medaille" und *Nausicaä aus dem Tal der Winde*

Im Oktober 2018 hatte ich die Gelegenheit, nach Frankreich, genauer nach Paris zu reisen. Grund war die Teilnahme am Kulturprogramm „Japonismes 2018", das anlässlich des 160. Jahrestages der diplomatischen Beziehungen zwischen Japan und Frankreich die Errungenschaften der japanischen Kultur vorstellte und über deren Vielfältigkeit hinaus auch ihre universelle Anziehungskraft vermittelte. Vor der Ausstellung mit Werken von Itō Jakuchū, eines der Highlights, entstand ganz wie in Japan eine lange Schlange mit drei Stunden Wartezeit. Es wurden Sonderveranstaltungen abgehalten, um ein breites Spektrum japanischer Kultur vorzustellen, natürlich über Kabuki und Nō, aber auch traditionelle Gagaku-Musik, Speisen und Sake, Teezeremonie und Ikebana, Anime und Spiele u.v.m. Darunter war auch die Zen-Kulturwoche. Sie wurde vor dem Hintergrund organisiert, dass der Geist des Zen die Wurzel der traditionellen japanischen Kultur darstellt. Ich leitete dort die Zazen-Meditationssitzungen und unterrichtete *shazengo*, das Abschreiben von Zen-Worten. Diese Reise kam durch meine berufliche Beziehung zu Hirai Shōshū zustande, dem Hauptabt des Zenshōan-Tempels in Yanaka, der sowohl für seine Geister-Holzschnitte bekannt ist als auch dafür, dass ihn mehrere Premierminister regelmäßig aufsuchten, um Zazen zu praktizieren.

In der Zen-Kulturwoche gab es unter anderem auch einen Vortrag von Yokota Nanrei Rōdaishi, dem Hauptabt des Engakuji-Tempels in Kamakura, der ebenfalls in Suzuki

Toshios Buch „Zen und Ghibli"[41] Erwähnung fand. Bei jeder Veranstaltung, überall erhielt ich Informationen, die meine Erwartungen bei weitem übertrafen, und die Einstellung der Leute, sich ernsthaft mit Zen auseinandersetzen zu wollen, spornte mich persönlich sehr an. Vor allem hat mich tief bewegt, zu spüren, dass Zen die Grenzen der Religion sprengt und sowohl im In- als auch Ausland als Kultur anerkannt wird.

Darüber hinaus waren die alten Häuserfluchten von Paris, die ich nun zum ersten Mal sah, dermaßen grandios, dass es mir die Sprache verschlug. Zudem beeindruckte mich sehr, dass die Menschen noch immer dort ganz selbstverständlich leben. In diesen traditionellen Gebäuden aus Stein, die im Zuge der großflächigen Raum- und Stadtplanung des 19. Jahrhunderts entstanden sind, kann man ohne Klimaanlage auch heutzutage die Sommer angenehm kühl und die Winter im Warmen verbringen. Selbst wenn man davon ausgehen kann, dass es anders als in Japan in Frankreich weniger Erdbeben und Naturkatastrophen gibt, leben die Menschen von heute somit auch in der Geschichte mehrerer hundert Jahre zuvor.

Andererseits kann man Paris auch nicht ausschließlich in den allerhöchstens Tönen loben. Man versteht, dass es im Laufe der Geschichte viele tragische Ereignisse gab, ausgelöst durch politische und religiöse Konflikte in der Vergangenheit, schon allein in einer prächtigen Kirche beim Anblick einer Madonnenstatue mit frommem Gesichtsausdruck, deren Jesuskind gnadenlos zerstört wurde. Dieses Nebeneinander von Erschaffen und Zerstören mag der Grund dafür sein, warum Paris die Stadt der Künste genannt wird.

*

Bei diesem Anblick von Paris erinnerte ich mich an einen Sonderbericht über Yonezu Kenshi, der 2016 in der Augustausgabe von *Neppū*[42] erschienen war. Angesichts der Schreibweise seines Vornamens, hinter der man als Japaner eher einen Mönch vermutet, hatte ich mich immer gefragt, ob er nicht vielleicht in einem Tempel aufgewachsen ist. Mein Interesse war geweckt, und so wurde ich einer seiner Fans.

Von seinen vielen Liedern mochte ich das Stück „Fliegende Schwalbe“ (jap. *Hien*) immer besonders. Yonezu erzählte in der Zeitschrift von *Nausicaä aus dem Tal der Winde* (jap. *Kaze no tani no Naushika*). Dabei ging es auch um die Mangaversion.

Ich weiß nicht, wie oft ich den Manga von *Nausicaä* gelesen habe. Ich war überrascht zu erfahren, dass der Regisseur Miyazaki mit diesem Meisterwerk „begann, um seinen Lebensunterhalt zu verdienen“, nichtsdestotrotz ist der Dialog auf dem Höhepunkt der Geschichte, zwischen dem Herrn des Grabes und Nausicaä, nach wie vor sehr beeindruckend, was auch Yonezu betonte.

Das ist die Stelle, wo der Herr des Grabes sagte: „Du bist die gefährliche Dunkelheit. Das Leben ist Licht!“, und Nausicaä ihm entgegnete: „Nein, das Leben ist ein flackerndes Licht in der Dunkelheit!“ Entschieden erklärte Nausicaä, dass „das Leben aus Reinheit *und* Unreinheit besteht“. Als jemand, der sich intensiv mit dem Buddhismus beschäftigt gemäß dem Satz „Auf seinem Lebensweg muss man sich den Leiden stellen“, bin ich von Nausicaäs Worten tief beeindruckt: „Leiden, Tragödien und Dummheit werden auch in einer reinen Welt nicht verschwinden. Denn sie sind ein Teil des Menschen …! Deshalb gerade gibt es auch Freude und Lichtblicke, wenn man in dieser Welt des Leidens lebt.“

*

In der Welt des Zen gibt es die Worte „Licht und Schatten – zwei Seiten derselben Medaille“ (jap. *Meian sōsō*). Im Zen ist das sogenannte Licht (jap. *akari*) eine Welt unendlicher Unterschiede. Es verweist darauf, dass ich und du, Berge und Bäume, ein jeder seine eigene Existenz hat.

Schatten ist die Wahrheit der unterschiedslosen Gleichheit im Sinne von totaler Finsternis. Sie verweist auf eine Welt in völliger Dunkelheit, in der gar nichts, weder ich noch du existiert. Dass Licht und Schatten sich gegenseitig bedingen und miteinander verschmelzen, nennt man „Licht und Schatten – zwei Seiten derselben Medaille“.

Es gibt zwei Dinge, die uns Zen-Mönchen sehr wichtig sind. Das erste ist die „Ergründung des Selbst“ (jap. *koji kyūmei*). Diese bedeutet „sein Selbst, sein Wahres Ich gründlich zu erforschen und zu klären“, wenn man sich in die Zen-Übung vertieft, wobei hier Zazen am Anfang steht. Genau dies ist die Grundlage des Zen-Trainings, und wenn man Zazen meistern kann, wird man sich in einer pechschwarzen Welt der Schatten wiederfinden, wo man alles abgeworfen hat und wo es nichts mehr gibt.

Das Andere ist der „Vorsatz, alle Lebewesen zu sen“ (jap. *inin doshō*) und bezieht sich auf die Errettung der Menschen im Sinne von Erleuchtung, indem man buddhistische Lehren und Zazen verbreitet. Beide zusammen lassen sich mit den Worten „Erleuchtung für sich selbst, Erlösung aller Wesen“ (jap. *jōgu bodai, geke shujō*) zusammenfassen.

Nach oben blickend sucht man Erleuchtung, erforscht sich selbst aufs gründlichste und zieht daraus seine Erkenntnisse, um dann umzukehren und den Menschen zu ihrem Seelenfrieden zu verhelfen. Mit anderen Worten, in dem Erleuchtungszustand, wie ich ihn durch mein Üben erreicht habe, stürze ich mich auf die Menschen voller Leid und Sorgen und gehe in diesem Tun noch weiter auf.

Die Worte „Das Schwert, mit dem man im Sinne von ‚Erleuchtung für sich selbst' ausholt, muss nach unten geführt werden gemäß der ‚Erlösung aller Wesen'" warnen davor, in der Welt der Schatten ruhig und gefasst mit gekreuzten Beinen zu sitzen, wo man auf dem spitzen Berggipfel, den man nur unter äußersten Mühen erklommen hat, von nichts gestört sich ausschließlich dem Zazen sowie der ständigen Ergründung des Selbst widmet. Was man sich auf dem hoch aufragenden Berggipfel beim Ausholen des Schwertes als Erleuchtung für sich selbst angeeignet hat, gibt man an die Gesellschaft zurück, indem man auf einer Straße, so geschäftig wie die große Straßenkreuzung in Shibuya, über die die Leute aus allen Richtungen gleichzeitig hasten, das Schwert hinuntersausen lässt als Erlösung aller Wesen. Das bedeutet der Vorsatz, alle Lebewesen zu erlösen, der im Zen einen hohen Stellenwert innehat.

Veranschaulicht wird dies mit den Zen-Worten „den Menschen befreien" (jap. *wade gassui*). Diese Worte sind in Büchern wie dem *Hekiganroku* und „Ausführliche Aufzeichnung von Dōgens Worten" (jap. *Eihei kōroku*)[43] zu finden. Im Wörterbuch steht zu ihnen: „Um Barmherzigkeit zu wirken, verleibt man sich diese voll und ganz ein und rettet leidende Menschen, indem man sie zur Erleuchtung führt." Jemand, der im Zen Erleuchtung erlangt, zeigt weder die buddhistische Lehre, die er gelernt hat, noch seinen Weg der Ausbildung. Noch nicht einmal Spuren von Erleuchtung, Täuschung, Heiligkeit und Mittelmaß lässt er erkennen. Er fügt sich einfach in die moderne Gesellschaft ein, in der Täuschung und Leiden durcheinanderwirbeln, und rettet Menschen, ohne dass diese etwas davon bemerken. Ganz so, als wenn klares Wasser in Schlamm eindringen und zu schlammigem Wasser würde. Selbst absolut rein, gibt es so viel davon, dass es unzählige Mengen an Schlamm aufnehmen kann. Das bedeutet: Ohne Rücksicht auf mich zu nehmen, werde ich mein Bestes geben, um auch unter widrigen Umständen andere zu retten.

„Geht der Ertrinkende ins Wasser, begibt sich auch sein Retter hinein. Beide sind zwar im Wasser, doch aus unterschiedlichen Gründen.“ Wie diese Worte zeigen, sind die Beweggründe dafür beim Ertrinkenden und bei demjenigen, der versucht, ihn zu retten, verschieden, auch wenn sie beide in einer Welt voller Leid und Kummer leben. Uns, die sich den Übungen widmen, gehen die Worte „Ein unfähiger Bodhisattwa – beim Versuch, jemanden zu retten, ertrinkt er selbst“ zu Herzen. In dem Augenblick, wo er seine Ergründung des Selbst vernachlässigt, geht er selbst unter, wo er doch versucht hat, einer anderen Person das Leben zu retten, gemäß seinem Vorsatz, alle Lebewesen zu erlösen. Deswegen müssen Zen-Mönche sich zuerst und vor allem mit der Ergründung des Selbst auseinandersetzen.

*

Yonezu beschrieb Nausicaä wie folgt:

„Obwohl sie voller Zuneigung steckt, besitzt sie auch eine andere Seite, die wild und verrückt ist. Dadurch kommt sie aber mit den verschiedensten Menschen und Lebewesen zurecht.“

Weiter führt er aus: „Ich finde die Figur schön“, und stellt fest: „Man muss doch beides haben. Ich glaube hier verstanden zu haben: Wenn man nicht diese beiden Seiten von Licht und Dunkelheit zeigt, kann man keine realistische Figur hervorbringen.“

Die Zen-Worte, die mir beim Lesen von *Nausicaä aus dem Tal der Winde* zu Herzen gehen, lauten: „Licht und Schatten – zwei Seiten derselben Medaille.“ Ich glaube, gerade weil Nausicaä die Dunkelheit, ihr Wahres Ich, gründlich erforscht hat, kann sie frei und ungebunden umherfliegen, ohne an der Welt des Lichts festzuhalten, wo sich die jeweiligen Meinungen in die Quere kommen. Und alles entwickelt sich bei ihr zu einem Handeln, um andere Menschen zu retten. Gerade weil sie solch eine Figur ist, rührt sie uns zu Herzen.

Die Filme und Musik von Ghibli, Kultur und Kunst, und auch die Straßenzeilen von Paris, ich denke, sie stehen für „Licht und Schatten – zwei Seiten derselben Medaille“. Wenn Licht und Schatten mit Dunkelheit und Licht eins geworden, miteinander verschmolzen sind, schenkt das nicht vielen Menschen Lebenskraft und rührt sie?

Während ich meiner Tochter zuschaue, wie sie mit fröhlichem Gesicht zu dem Lied *Paprika* (jap. *Papurika*) tanzt, das Yonezu Kenshi eigens für Kinder geschrieben hat, glaube ich ganz fest in meinem Herzen, dass gerade weil unser Leben „ein flackerndes Licht in der Dunkelheit“ ist, wir uns diesem Leben jetzt stellen müssen.

Weil Nausicaä die Dunkelheit, ihr Wahres Ich, gründlich erforscht hat, kann sie frei und ungebunden umherfliegen, ohne an der Welt des Lichts festzuhalten, wo sich die jeweiligen Meinungen in die Quere kommen.

XII

„Eine vereinte Welt in Frieden“

Wir feiern Neujahr 2019. Frohes neues Jahr!

Wenn ich den „Neujahrsschmuck aus Kiefern und Bambus“ (jap. *kadomatsu*) betrachte, der das Haupttor des Tempels schmückt, kommt mir das folgende Gedicht in den Sinn, das angeblich von Zen-Meister Ikkyū aus der Muromachi-Zeit (1336–1573) stammt: „*Kadomatsu* ist wie ein Markstein auf der Reise ins Totenreich, ein glückliches Zeichen, oder auch nicht.“

Meister Ikkyū soll in der glückverheißenden Zeit des Neujahrs mit einem Totenschädel in der Hand und den Worten „Vorsicht!“ durch die Stadt gelaufen sein. Hat er dabei wirklich dieses Lied gesungen?

Wer diese Geschichte hörte, wird dabei vielleicht melancholisch geworden sein, denn ein Jahr älter zu werden[44], bedeutet so viel wie dem Tod um ein Jahr näher gerückt zu sein. Ich denke jedoch, dass man sich glücklich schätzen sollte, wenn man das neue Jahr willkommen heißen und die *Kadomatsu*-Gestecke an Neujahr sehen kann.

Der Neujahrsmorgen im Tempel beginnt mit einer Messe, in der das „Gebet zum Austreiben des Unheils aus dem Vorjahr und zur Bitte um Wohlergehen im neuen Jahr“ (jap. *shūsei kitō*) gesprochen wird. Als plätscherte ein Wasserfall aus Sutren vor sich hin, wird aus dem *Mahāprajñāpāramitā-Sutra* (jap. *Daihannyaharamittakyō*) rezitiert, das von dem Mönch Sanzang, durch den chinesischen Klassiker *Die Reise nach Westen* vielen bekannt, unter Einsatz seines Lebens aus dem alten Indien nach Japan gebracht worden war. Einige von

Ihnen haben diese Messe vielleicht schon gesehen. Beim Rezitieren dieses Sutras wird der äußerst umfangreiche Sutrentext von 600 Bänden in verkürzter Form deklamiert, und die Sutren-Faltbücher werden von Anfang bis Ende entfaltet, so als würde man einen Wandschirm auf- und zuklappen. In der klaren Januarluft ist der Wind, der so durch die Sutren-Faltbücher entsteht, sehr angenehm und es fühlt sich an, als würde er die Dinge, die einen das vergangene Jahr betrafen, fortwehen.

Es gibt eine Theorie, nach der das Schriftzeichen für „shō" im japanischen Wort *shōgatsu* für Neujahr aus dem oben erwähnten *shū*sei *kitō* für das Neujahrsgebet stammt, nur anders ausgesprochen wird. Der Neujahrstag ist der Tag, an dem wir uns neu ausrichten, damit wir unseren eigenen Weg am neuen Morgen, am neuen Tag, im neuen Monat, im neuen Jahr ohne Umwege beschreiten können. Das erste, was wir im neuen Jahr tun, ist interessanterweise eine Korrektur unserer selbst.

*

Dieses Mal möchte ich Ihnen Zen-Worte vorstellen, die für mich auf alle Ghibli-Werke zutreffen. Es handelt sich um den Begriff „Eine vereinte Welt in Frieden" (jap. *Senri dōfu*), der häufig bei feierlichen Anlässen wie dem Neujahrsfest verwendet wird. Gemeint ist damit, dass selbst an einem weit entfernten abgelegenen Ort, überall derselbe Wind weht und Frieden im ganzen Land herrscht.

In der Welt des Zen gehen wir noch einen Schritt weiter, indem wir darüber nachdenken.

Im Buddhismus heißt es, die Welt sei grundsätzlich unbeständig (jap. *mujō*), was bedeutet, dass nichts von Dauer ist. Dieses Konzept wird „Alles ist im Wandel" (jap. *shōgyō mujō*) genannt und weist darauf hin, dass in dieser Welt, in der wir leben, sich alles fortwährend verändert, von der Geburt bis zum Tod. Doch das, was im Kern dieses vergänglichen, sich stets verändernden Phänomens existiert und sich nie verändert, ist das „Herz Buddhas" (jap. *hotoke no kokoro*). Um dieses zu erkennen, gibt es den Zen-Buddhismus, in dem man Zazen praktiziert und sich seinem Selbst stellt.

Das „Herz Buddhas" existiert überall auf der Welt, so wie derselbe Wind bei jedem Menschen und an jedem Ort auf der Welt weht. Diese Worte lehren uns, dass es sich um eine absolute Wahrheit handelt, die stets gleichbleibt, und dass sie schlichtweg unveränderbar ist. So vermag das Wesen des Zen uns diesen Geist, der mit Worten allein nicht erklärt werden kann, wie der Wind per Gedankenübertragung zu vermitteln.

Die folgende Geschichte handelt vom Zen-Mönch Hara Tanzan (1819–1892).

Als Tanzan noch jung war, begab er sich in Begleitung eines Zen-Mönches zu seiner Schulung auf eine Reise durch das ganze Land. Eines Tages kamen sie an einen Bach. Als sie zum anderen Ufer schauten, fiel ihr Blick auf eine junge Frau, die weder ein noch aus wusste, wie sie ebenfalls ans andere Ufer gelangen sollte, da der Fluss vom Regen dermaßen angeschwollen war. Tanzan, der sah, wie die Frau unschlüssig vor dem Fluss stand, nahm sie mit den Worten „Komm, halte dich an mir fest" auf seine Arme und durchquerte den Fluss bis ans andere Ufer. Dort angekommen, setzte er seine Reise fort, ohne der Frau, die sich wiederholt bei ihm bedankte, weitere Beachtung zu schenken. Der andere Mönch, der dies gesehen hatte, konnte nicht anders als innerlich beunruhigt zu sein. „Was sollte das denn? Ein junger Mönch hat keine Frau in den Armen zu halten. Sowas gehört sich nicht!“ Nachdem sie eine Weile gegangen waren, konnte er schließlich nicht mehr an sich halten und fragte Tanzan, warum er vorher so gehandelt hatte. Daraufhin musste Tanzan laut lachen und antwortete: „Warum trägst du noch immer diese Frau? Ich habe sie vorhin schon abgesetzt.“ Es heißt, der andere Mönch hätte darauf nichts mehr entgegnet.

Was haben Sie wohl bei dieser Geschichte von den zwei Zen-Mönchen empfunden? Ein Mönch in der Zen-Ausbildung heißt auf Japanisch „unsui“, was mit den Schriftzeichen für „Wolken und Wasser“ wiedergegeben wird. Es ist die Abkürzung für die Zen-Worte „kōun ryūsui“, was für die Unbekümmertheit ziehender Wolken und fließenden Wassers steht und bedeutet, nicht an einem Ort zu bleiben, sondern frei zu sein. Die jungen Mönche leben auf der Suche nach dem Weg wie die Wolken, die langsam mit dem Wind vorüberziehen, ohne bei irgendetwas stehenzubleiben, oder wie das Wasser, das von weit oben bis tief unten stets weiterfließt, selbst wenn ein großer Stein direkt im Weg liegt. Dies beschreibt einen Mönch in der Zen-Ausbildung.

Das Verhalten der beiden frei umherziehenden Zen-Mönche aus dieser Geschichte lässt mich an den Wind denken.

Der Wind sucht sich den Ort nicht aus, an dem er weht. Ob nun Berge vor ihm liegen oder das Meer, er weht einfach. Manchmal trägt er Löwenzahnsamen mit sich. Doch lange hält er sich nicht an ein und demselben Ort auf.

Wenn ich so darüber nachdenke, scheint mir der Wind ein wichtiges Thema in den Ghibli-Filmen zu sein, wie natürlich in *Nausicaä aus dem Tal der Winde* und *Wie der Wind sich hebt*, aber auch in *Prinzessin Mononoke*, *Mein Nachbar Totoro* und *Das Schloss im Himmel*. In ihnen findet sich wirklich „eine vereinte Welt in Frieden“, und derselbe Wind weht in den Kinos im In- und Ausland bis zu den Kindern in Begleitung ihrer Eltern und zu den verliebten Paaren. Was ist nur die Ursache für diesen Wind? Ich meine, das habe ich durch meine Begegnung mit Suzuki Toshio gelernt.

Es sind seine Worte: „Diese Welt ist lebenswert.“

Es ist in der Tat nicht leicht, durchs Leben zu gehen. Das eingangs erwähnte Lied wurde auch in anderer Form überliefert.

„*Kadomatsu* ist wie ein Markstein auf der Reise ins Totenreich, hab weder Pferd noch Sänfte und keine Bleibe.“

Dies bedeutet, das Leben ist wie eine Reise ohne Unterkunft und sogar ohne Bus und Bahn. Es ist viel gefährlicher, die irdische, vergängliche Welt zu beschreiten, als den Weg an einer steilen Felswand.

Der Buddhismus erklärt die Dinge in der Verlaufsform. Am Leben sein heißt am Sterben sein. Auf die gleiche Weise bedeutet am Sterben sein: am Leben sein. Heute einen Tag zu leben, bedeutet zweifellos, dem Tod einen Tag näher zu kommen. Leben und Sterben entsprechen der Vorder- und Rückseite ein und desselben Blattes Papier, sie können nicht getrennt voneinander betrachtet werden.

Man mag meinen, gleich zu Beginn des Neujahres an den Tod zu denken, würde irgendwie Unglück bringen, aber genau das wollten uns die Altvorderen durch Zen-Meister Ikkyū übermitteln: Wenn man einen erfüllten Tod sterben will, sollte man ein erfülltes Leben führen. Mit anderen Worten, die Erfüllung des Lebens bedingt die Erfüllung des Todes.

Wie können wir aber unser Leben bereichern? Ich glaube, indem wir wie der Wind leben. Meiner Meinung nach sind die Ghibli-Werke und Suzuki Toshio wie der Wind. Suzuki sagte dazu Folgendes:

„Ich will nicht daran denken, was ich getan habe. Vielmehr meine ich, dass es besser wäre, zu vergessen, und manchmal bemühe ich mich sogar, etwas zu vergessen. ‚Wenn ich mich wieder in einen ganz neuen Zustand versetzte, wird mir alles Kommende gelingen', ist die Formel, die ich dabei im Kopf habe."[45]

Wichtig ist, die Worte „jetzt" und „in der unmittelbaren Zukunft" mit Bestimmtheit zu sagen. Regisseur Miyazaki Hayao wird als „Meister des Vergessens" bezeichnet, da er stets die Herangehensweise eines jungen Regisseurs an den Tag legt. Rückbetrachtend gab es in den Gesprächen mit Suzuki Toshio keinerlei Themen über früher. An welcher Uni ich war, was für eine Zen-Ausbildung ich gemacht habe usw., lag vollkommen außerhalb seines Interesses. Ich war verblüfft, als er mir sagte: „So etwas weiß ich, indem ich dich jetzt vor mir sehe." Da wurde mir klar, wie sehr ich an der Vergangenheit und dem Werdegang meines Gegenübers festhielt. Wir neigen dazu, stets nach einem Gegenwert oder Ersatz zu suchen, aber Suzuki zeigt uns die Kehrseite in Form von „geben und geben". Wir können bis aufs Letzte alles hergeben, was wir haben, und uns ohne Zögern vorwärtsbewegen, genau wie oben erwähnt die Wolken und das Wasser.

Natürlich verstehe ich, dass das Hier und Jetzt wichtig sind. Aber das Tolle an Suzuki ist, dass bei ihm das Hier und

Jetzt über den Ansammlungen der Vergangenheit steht und bereits eine Zukunft enthält.

Auf mich wirken die Ghibli-Filme und die Bücher von Suzuki wie Zen-Lehrbücher. Zugegeben, die Ausdrucksweise mag unterschiedlich sein. Die Geisteshaltung oder vielmehr der Geist, den Regisseur Miyazaki und Suzuki im Laufe ihrer beiden Leben erreicht haben, bezeichnen wir in unserer Welt als Zen. Ich glaube, gerade weil Ghibli so ist, erwärmt es unsere Herzen, wenn sich der aufkommende Wind zu einem Wüstenwind entwickelt. Und manchmal stupst uns dieser Wind sacht in den Rücken, wenn es uns zu beschwerlich erscheint, den Weg des Lebens zu beschreiten. Damit sagt er uns: „Du musst dich schon ein bisschen anstrengen."

Der Wind sucht sich den Ort nicht aus, an dem er weht.
Ursache für diesen Wind sind die Worte:
„Diese Welt ist lebenswert."

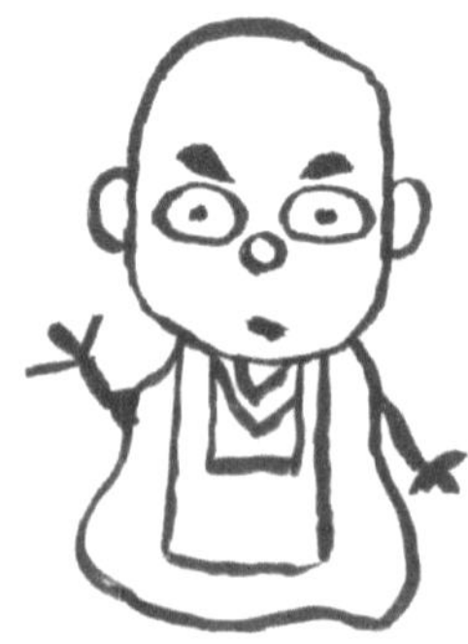

XIII

„Ich flehe euch an, geht der Quelle auf den Grund!“ und *Stimme des Herzens – Whisper of the Heart*

An dieser Stelle möchte ich gerne über Zen-Worte berichten, über die ich in meiner Artikelreihe noch gar nichts geschrieben habe. Als im März 2020 die Corona-Katastrophe über die Welt hereinbrach, folgten dunkle, schwierige Tage. In dieser Zeit wurden wir eines Tages plötzlich mit den Worten „wenn nicht dringend notwendig“ konfrontiert, um die Ausbreitung dieser ansteckenden Krankheit, die die Welt erfasst hatte, zu bekämpfen. Wie bei einem Zen-*Mondō* regten mich diese Worte zum Nachdenken an.

Wenn mir etwas als unnötig und nicht dringend vorkommt, mag das für mein Gegenüber nicht zutreffen. Mir wurde dabei schmerzhaft bewusst, dass dies auch umgekehrt der Fall sein kann.

Übertrieben gesagt wird damit sogar die Daseinsberechtigung meiner Religion in Frage gestellt. Ich war unmittelbar betroffen, da ich sowohl eine lokale Veranstaltung, die seit der Edo-Zeit regelmäßig ohne Unterbrechung stattfindet, als auch meine Zazen-Sitzungen absagen musste. An beide hatte ich immer als Kern meines Mönchseins geglaubt. Natürlich praktiziere ich als Zen-Mönch weiterhin jeden Tag für einen bestimmte Zeitraum Zazen. Aber mir ist klargeworden, dass das Gemeinsame von Zeit und Raum bei einer Zazen-Meditation, die jede Woche ganz selbstverständlich stattfand und von vielen Leuten angenommen wurde, unersetzbar ist.

Fakt ist, dass man weder für eine Zazen-Sitzung noch für eine buddhistische Totenmesse (jap. *hōji*) soweit ginge, ein

Leben aufs Spiel zu setzen. Wenn Zazen im Sinne geistigen und körperlichen Wohlergehens ausgeübt werden soll, kommt es hier zwangsweise zu einer zeitweisen Unterbrechung. Angesichts der Tatsache, dass jetzt das Leben der Bevölkerung an erster Stelle steht, scheint fast alles nicht dringend notwendig.

*

Ich erinnere mich an die Worte von Suzuki Toshio, als er sich einmal mit Yokota Nanrei Rōdaishi, dem Hauptabt des Engakuji-Tempels, unterhalten hatte.

„Eigentlich gibt es nur Dinge, die der Mensch zum Leben braucht, und solche, die nicht notwendig sind, und danach gehört doch auch Ghibli zu letzterem, nicht wahr? Ich brauche irgendwie dieses Gefühl, wenn ich einen Film mache. Außerdem teile ich den Leuten doch etwas mit. Im Grunde ist die Zubereitung von Speisen oder die Herstellung von Dingen für den täglichen Gebrauch weitaus wichtiger. Das ist allerdings das Einzige, was ich mir einrede.“[46]

Suzuki behauptet, dass „Nahrung, Kleidung und ein Dach über dem Kopf das Wichtigste im menschlichen Leben sind“, und fragt sich, ob „wenn wir voller Hochmut behaupten: ‚Die Menschheit ist großartig‘, uns das nicht doppelt und dreifach heimgezahlt werden wird? Ich meine, wichtig ist, dabei zu bedenken, dass ‚die Menschheit unerfahren ist.‘“

Diese Worte, die ich damals nicht so ernst genommen hatte, klingen heute, in der aktuellen Situation, noch tief in mir nach.

In diesen ungewissen Tagen fiel mir der Titelsong „Take Me Home, Country Road“ aus *Stimme des Herzens – Whisper of the Heart* (jap. *Mimi wo sumaseba*) wieder ein. Wo ist unsere geistige Heimat? Wohin nur führt der Weg des Lebens? Denn mir schien, als ob dieser Song uns genau jetzt danach fragte.

Als Inspirationsquelle für *Stimme des Herzens – Whisper of the Heart* diente Regisseur Miyazaki Hayao ein Mädchen-Manga, der ihm in einer Berghütte in der Region Shinshū in die Hände gefallen war. Suzuki Toshio zufolge hatte Miyazaki, der nur den zweiten Band der vierteiligen Reihe gelesen hatte, einfach gemutmaßt, was vorab geschehen war, und mit Oshii Mamoru, Anno Hideaki und Suzuki den Beginn dieser Geschichte sowie den weiteren Verlauf besprochen. Für mich als Anime-Liebhaber ist es unglaublich, welche Koryphäen da zusammensaßen.

Es ist keine Fantasy wie in *Laputa* oder *Nausicaä*, sondern ein durch und durch wirklichkeitsgetreuer Film, der in einer zum Greifen nahen, vertrauten Realität zu spielen scheint. Er ist so wunderbar, weil er in mir Erinnerungen an eine bittersüße Jugendliebe weckt, als ich zum Beispiel das gleiche empfinden wollte wie die Person, für die ich schwärmte, oder auf der Büchereikarte aus der Bibliothek nach ihrer schönen, runden Schrift suchte.

Ferner war ich von Regisseur Miyazaki Hayaos Filmskizzen zu diesem Film überrascht.

„Nun, da das Bild des 21. Jahrhunderts mit seinen Wirren allmählich klarer geworden ist, beginnt auch Japans Sozialstruktur zu ächzen und zu wanken. Wir werden mit Sicherheit in eine Zeit des Wandels eintreten, wo althergebrachte Tatsachen und etablierte Ansichten rasant an Einfluss verlieren werden. Auch wenn es aufgrund der bisherigen materiellen

Anhäufung noch nicht dazu gekommen ist, dass die jungen Leute dieser Welle unmittelbar ausgesetzt sind, so sind deren Anzeichen doch bereits da.

Was für einen Film versuchen wir wohl in einer solchen Zeit zu machen?

Rückkehr zum Wesentlichen im Leben.

Vergewisserung des eigenen Ausgangspunktes.

Abkehr von der immer stärker fortschreitenden Veränderung.

Ich möchte unbedingt einen Film machen, der mit selbstbewusster und beherzter Stimme sagt, dass wir jetzt einen viel distanzierteren Blick benötigen.“[47]

Man fühlt sich beklommen, wenn die bisherigen Wertvorstellungen nichts mehr gelten und unklar ist, wie lange die derzeitige Lage noch anhalten wird. Ganz gleich, wie weit die künstliche Intelligenz vorangeschritten ist, Naturkatastrophen und Infektionskrankheiten lassen sich nicht vorhersagen oder verhindern, wie wir das gerne hätten. Was ist für uns, die nun in solch einer Zeit leben müssen, wohl zum Leben notwendig?

Passend zum Film möchte ich Ihnen die folgenden Zen-Worte ans Herz legen.

*

„Ich flehe euch an, geht der Quelle auf den Grund!"
(jap. *Kō, sono moto wo tsutomeyo*).

Diese Zen-Worte gelten als letzter Wille von Zen-Meister Musō, dem Begründer des Myōshinji-Tempels in Kyoto, wo ich meiner Zen-Ausbildung nachgegangen bin. Sie finden sich sogar in Yoshikawa Eijis Buch *Musashi*[48] und zwar als Musashi, der sich dem Weg des Schwertes gewidmet hat und dem dadurch vieles abverlangt wurde, infolge seiner dadurch hervorgerufenen lebenslangen Leiden plötzlich Erleuchtung erfährt.

Auf seinem Sterbebett sagte Zen-Meister Musō: „Ich flehe euch an, geht der Quelle auf den Grund!" Was wollte er uns damit vermitteln und was meinte er wirklich mit der Quelle, die es notwendig sei zu ergründen?

Eines Tages während meiner Ausbildung reinigte ich die „Halle zur Verehrung des Tempelgründers" (jap. *kaizandō*) im Myōshinji-Tempel, wo Zen-Meister Musō Respekt erwiesen wird. Dabei kamen mir plötzlich jene Worte „Ich flehe euch an, geht der Quelle auf den Grund!" in den Sinn. Bis dahin hatte ich sie schon zigmal in den Mund genommen oder gehört, aber als ich nun noch einmal über sie nachdachte, konnte ich nicht genau sagen, was denn eigentlich mit der Quelle gemeint war, die ich bei mir ergründen müsse.

Ob ich Zazen praktizierte oder etwas aß, ich kam auf keine Antwort. Nichtsdestotrotz hatte ich mir einige Gedanken gemacht und war schließlich zu folgendem Schluss gekommen.

Bedeutete nicht für uns Zen-Mönche „Quelle", Zazen zu praktizieren? Geht es nicht darum, dass wir einfach unsere jeweiligen Aufgaben oder Pflichten in gutem Maße erfüllen, ein Zimmermann seine Arbeit, ein Bauer in seiner landwirtschaftlichen Tätigkeit? Das heißt, ist nicht genau das unsere Wurzel, unser Mittelpunkt und damit das Wichtigste in unserem Leben?

Seitdem hatte ich das Gefühl, wenn ich Zazen wirklich ernsthaft praktiziere, sollte das ausreichen, und ich glaube, dass ich unbewusst bis dahin alles vernachlässigt hatte.

Egal was ich getan hatte, ich war nicht mit dem Herzen dabei gewesen und es hatte mir an Elan gefehlt, noch nicht einmal Zen-Schulungen hatten mich interessiert. Ich hatte die Bedeutung von „Ich flehe euch an, geht der Quelle auf den Grund!“ ganz anders verstanden, als sie ursprünglich gemeint war.

Doch die Intention von Zen-Meister Musō war noch tiefgehender und noch umfassender. Darauf wies mich ein farbiges Papier hin, das ich von meinem Großvater Matsubara Taidō aufgehoben hatte und auf dem „das Leben auskosten“ (jap. *ikikiru*) steht. Noch immer sind diese Worte für mich eine wichtige Stütze im Leben.

*

Meinem Großvater, der noch bis kurz vor seinem Tod mit hundertundein Jahren Vorträge gehalten und auf seinem Schreibtisch sein Manuskriptpapier vor sich liegen hatte, wertschätzte in seinen späteren Jahren die Worte „das Leben auskosten“ (jap. *ikikiru*). Es ist im Japanischen ein sehr schönes Wort, indem man *ikiru* für „leben“ nur eine Silbe „ki“ hinzufügt. Dann bedeutet es, das Leben in vollen Zügen zu genießen. Dagegen sind zum Beispiel japanisch *hashiru*, das „laufen“ heißt, und *hashikiru*, was „vom Anfang bis zum Ende laufen“ bedeutet, in Bezug auf das Vorhaben und den an den Tag gelegten Eifer ganz verschieden.

Ist der Begriff „das Leben auskosten“ denn nicht mit der Quelle gleichzusetzen? Meine bisherigen einfältigen Antworten lösten sich plötzlich in Luft auf, und ich hatte das Gefühl, als wären mir die Augen geöffnet worden. Ich war so weit vom eigentlichen Thema, nämlich, dass es ausreicht, einfach nur Zazen ernsthaft zu praktizieren, abgeschweift, dass ich nicht in der Lage gewesen war, die Quelle zu sehen. Nun hatte ich erkannt, dass es bei der Quelle nicht darum ging, dass Zen-Mönche Zazen praktizierten oder man seine jeweiligen Aufgaben und Pflichten erfüllte, sondern es bedeutete, das Leben in vollen Zügen zu genießen.

Schlafen, Essen, Sichvergnügen, Arbeiten, alles davon ist so wichtig, dass wir es tun müssen. Dabei dürfen wir nicht vergessen, dass es nicht darum geht, diese Dinge einfach nur zu erledigen, sondern sie mit unserer ganzen Aufmerksamkeit auszuführen.

Das heißt mit anderen Worten, dass man jeden Tag als unersetzbare Zeit zu schätzen weiß und jede einzelne Angelegenheit mit Bedacht erlebt. Genau das ist die Botschaft, die Zen-Meister Musō in seine Zen-Worte „Ich flehe euch an, geht der Quelle auf den Grund!“ hineinlegte.

Diese letzten Worte von ihm gehen sogar noch weiter: „Pflückt nicht versehentlich Blätter und schaut euch nicht nach Zweigen um!“ (jap. *Ayamatte ha wo tsumi eda wo tazuneru koto nakunba yoshi*). Damit weist er uns streng darauf hin, dass wir uns niemals irgendwelchen nebensächlichen Details hingeben sollten.

Auch im Roman will Miyamoto Musashi dem Zen-Mönch, der ihm den Weg gezeigt hat, danken und sich bei ihm entschuldigen, und versucht ihm daher zu folgen, doch lässt mit den Gedanken „Auch das sind Nebensächlichkeiten …“ von seinem Vorhaben ab. Ich glaube, weil er es für wichtiger hielt, den ihm aufgezeigten Weg selbst zu vollenden, als sich zu bedanken und zu entschuldigen.

*

„Es gibt den Begriff ‚Nebensächlichkeiten‘ (jap. *shiyō matsusetsu*), aber machen nicht alle, wenn sie hierherkommen, wegen unbedeutender Dinge viel Aufhebens? Ich meine nicht, den Wald vor Bäumen nicht mehr sehen, sondern möchte betonen, dass diese Details, also das, was die heutige Generation sieht, winzige Kleinigkeiten sind. Ich denke, in dem Moment existieren diese schon gar nicht mehr. Sonst hätte man doch das Gefühl, als würden sie einen überwältigen, und man könne nichts daran ändern. Meine Erwartungshaltung mag hier allerdings eingeflossen sein. Warum machen sich denn alle das Leben nur selbst so schwer?“[49]

Wie Suzuki hier meint, sorgen wir uns vielleicht zu sehr nur um Nebensächlichkeiten und winzige Kleinigkeiten. Wir brauchen nur einen etwas erweiterten Blickpunkt. Daher liebe ich die folgenden Worte von Shizuku aus *Stimme des Herzens – Whisper of the Heart*: „Ich bin froh, dass ich so über mich hinausgewachsen bin. Jetzt verstehe ich mich selbst ein bisschen besser.“

Es ist nicht einfach, weiter über sich hinauszuwachsen. Um es ihrem Traumprinzen Seiji gleichzutun, begeistert sich die Hauptfigur Shizuku für das Schreiben eines Romans und vergisst sich dabei selbst. Erst nach zahlreichen Versuchen und schlaflosen Nächten hatte sie die Szenen ihres Buches erstmals aufs Papier gebracht. Das war nur möglich, weil Shizuku die Quelle, an der sie arbeiten sollte, gemeistert hat.

Schwere Zeiten sind sicherlich mit dem eigenen Glück verbunden. Je mehr man leidet, umso offener liegt die Quelle.

Mit unüberwindbaren Schwierigkeiten konfrontiert zu werden, kann jedem im Leben passieren. In solchen Fällen sollte man sich dann nicht mit Nebensächlichkeiten aufhalten, sondern nach seiner Quelle, oder man kann auch sagen: nach seinem Ausgangspunkt, suchen. Solange man nur seine geistige Heimat nicht aus den Augen verliert, führt einen genau dieser eine, mit Bedacht gewählte Schritt mit Sicherheit zum Glück. Es ist notwendig, seinen Blick fest auf die Morgensonne zu richten, die früher oder später garantiert wieder aufgehen wird, und sich zu überlegen, was man jetzt im Moment tun kann.

Wenn einem die Aussichten besonders düster und unklar erscheinen, ist es wichtig, unverwandt nach vorne, auf das Morgen zu schauen und die Dinge, die unmittelbar vor einem liegen, jedes einzelne gerne zu erleben. Dass diese Ansammlung von Gegenwärtigem bis in die Zukunft hineinreicht, das vermitteln uns diese Zen-Worte.

Wenn einem einmal alles fehlt, was als „nicht unbedingt notwendig und dringlich“ gilt, erkennt man, wie wichtig Nahrung, Kleidung und ein Dach über dem Kopf sind. Und wenn man seine Quelle nicht vergisst, können auch Nebensächlichkeiten weiterbestehen bleiben. Dabei erkennt man, dass nicht unbedingt Notwendiges und Dringliches unserem Leben doch in Wirklichkeit zu Tiefe und Weite verholfen haben.

„Als die Blase der Bubble-Economy platzte, war die soziale Lage in Japan sehr düster, verschiedene Vorfälle und Skandale reihten sich aneinander. Ich bin zu der Überzeugung gelangt, dass es wichtig ist, den Raum für ganz Alltägliches wirklich wertzuschätzen, gerade weil die schwierigen Zeiten noch schwieriger werden. So denke ich, dass genau das zur wichtigsten, helfenden Stütze werden mag, wenn man mit Schwierigkeiten konfrontiert ist."[50]

Ich glaube, was Regisseur Miyazaki hier als „helfende Stütze" bezeichnet hat, kommt der Quelle gleich, auf die Zen-Meister Musō verwies. Gerade die Welt aus *Stimme des Herzens – Whisper of the Heart*, die sich vor uns so fühlbar nah entfaltet, weist uns sanft darauf hin, „dass wir jetzt einen viel distanzierteren Blick benötigen".

Jede einzelne Angelegenheit mit Bedacht erleben.

XIV

„Den Menschen dieser Welt wird er Schatten spenden“ und *Das Schloss im Himmel*

Katastrophen kommen immer dann, wenn man nicht mit ihnen rechnet.

Plötzlich auftretende Naturkatastrophen wie Erdbeben, Taifune, Waldbrände aufgrund extremer Witterungsbedingungen, Stürme, Starkregen usw. können einen im Nu des Alltags, den man für selbstverständlich gehalten hat, berauben.

Mit Katastrophen sind nicht nur Naturkatastrophen gemeint. Es gibt unzählige Katastrophen, die uns zustoßen, angefangen bei Unfällen und Bränden, über unsichtbare Viren, den unerträglichen Stress bei der Arbeit und durch zwischenmenschliche Beziehungen, bis hin zu den großen Problemen im Leben wie Krankheiten und Trauerfälle. Da das Schriftzeichen für Katastrophe schon zwei Mal bei der Wahl zum „Schriftzeichen des Jahres“, die immer zum Jahresende stattfindet, gewählt wurde, in den Jahren 2004 und 2018, kann man sich denken, dass bald die nächste Katastrophe eintreten müsste, und zwar dann, wenn wir nicht daran denken.

Wann immer ich auf das Schriftzeichen für Katastrophe stoße, muss ich stets an die Worte meines Großvaters Matsubara Taidō denken.

„Wenn es eine Katastrophe war, der man entkommen konnte, dann war es keine Katastrophe. Wenn ein Tod vermeidbar war, dann war es kein Tod. Was nicht verhindert werden kann, einzig das ist eine Katastrophe, und ist das nicht der Tod allein?“

Wie kann man mit einer bevorstehenden Katastrophe gut umgehen? Für uns, die wir in der gegenwärtigen Zeit leben, ist dies ein großes Problem, das sich nicht vermeiden lässt. Es war der Ghibli-Film *Das Schloss im Himmel* (jap. *Tenkū no shiro Rapyuta*), der mir einen Anhaltspunkt gab, über dieses Thema nachzudenken.

Obwohl die Meinungen auseinandergehen, *Das Schloss im Himmel* ist de facto der erste Film nach der offiziellen Gründung von Studio Ghibli. Mehr als 30 Jahre nach seiner Veröffentlichung ist der Film heute gar zu einem gesellschaftlichen Phänomen geworden. Denn bei jeder Fernsehausstrahlung teilen Hunderttausende über *Twitter* gleichzeitig miteinander das letzte Wort der Vernichtungsformel „Bais!"

Damals erläuterte Regisseur Miyazaki Hayao sein Vorhaben für dieses Projekt wie folgt.

„Während sich der Film *Nausicaä aus dem Tal der Winde* an ein älteres Publikum richtete, so ist *Pazu*[51] ein Film, der sich hauptsächlich an Grundschüler wendet.

Wenn *Nausicaä aus dem Tal der Winde* ein klares, lebendiges Werk sein sollte, dann zielt *Pazu* darauf ab, ein klassischer Actionfilm zu sein, der mit guter Laune und Spannung daherkommt.

Auf jeden Fall soll dem jungen Publikum beim Zuschauen frei ums Herz werden, und der Film soll Spaß machen. Er erzählt in ungekünstelten, noch dazu für das heutige Publikum verständlichen Worten, vom Lachen und Weinen, von Ehrlichkeit und Aufrichtigkeit, von Dingen, die heutzutage als übel gelten, vom Kontakt mit dem eigenen Herzen, nämlich wonach es sich am meisten sehnt, auch wenn die Zuschauer das bei sich selbst eigentlich gar nicht bemerken würden, von

Hilfsbereitschaft, Freundschaft und dem Ideal eines Jungen, der zielstrebig die Dinge angeht, an die er glaubt.“[52]

Damals als Grundschüler wusste ich natürlich nicht, dass der Film eine derlei ehrbare Intention enthielt. Ich war einfach nur begeistert von dem Actionspektakel, das für alle Jungs ein großes Abenteuer ist: Ich war fasziniert von den am Himmel fliegenden „Flapptern“ (jap. *furapputa*), ebenso mit welcher Lässigkeit in der Kampfszene auf Laputa Pazu die Patronen seiner großen Waffe wechselt, die zwei Schüsse abfeuern kann, und es war so aufregend, in welcher Weise Laputa am Himmel schwebend als Schauplatz des Films vorgestellt wurde.

Zudem ist für mich eine weitere schöne Kindheitserinnerung, dass ich mit meiner Schwester zusammen Spiegelei auf Toast gegessen habe, was heutzutage in Japan sogar „Laputa-Brot“ genannt wird.

Vor allem bewunderte ich die Figur von Pazu, der morgens auf dem Dach Trompete spielte und sein zurückgezogenes Leben allein zu genießen schien, weil er unabhängig war. Ich fand die Vorstellung, ohne die Einmischung der Eltern so leben zu können, wie man wollte, sehr cool.

Doch als ich mir dieses Jahr wieder einmal *Das Schloss im Himmel* ansah, fiel mir ein ganz anderer Aspekt auf. Ich war schon erstaunt, dass Sheetas Name von Theta abgeleitet ist, womit in der Mathematik die trigonometrischen Funktionen Sinus und Kosinus gekennzeichnet werden, aber wirklich überrascht war ich, dass das Alter von Pazu und Sheeta auf zwölf, dreizehn Jahre festgelegt wurde. Heutzutage hieße das doch, sie hätten gerade die Grundschule abgeschlossen und würden mit klopfenden Herzen auf die Mittelschule kommen. Pazu, der seine Eltern verloren hat, arbeitet nun fleißig in einer

Mine, und genauso sorgt auch Sheeta, die ebenfalls allein zurückgelassen wurde, selbst für ihren Lebensunterhalt, indem sie ein paar Felder in Gondor bewirtschaftet.

Einige Szenen bringen ihren Alltag deutlich zum Ausdruck. Die erste gleich zu Beginn, als Pazu bemerkt, wie Sheeta vom Himmel fällt, während er seinen Henkelmann mit Essen in der Hand hält. Die Kinder von heute hätten als Erstes den Essensbehälter aus ihren Händen geworfen, um zu Sheeta zu laufen, aber Pazu stellt ihn vorsichtig neben sich ab, kurz bevor er die Arme ausstreckt und Sheeta auffängt.

Dann ist da die Szene, in der er, obwohl er gekränkt ist, die drei Goldmünzen nicht einfach wegwerfen kann, die er von Muska als Dank dafür erhalten hat, Sheeta beschützt zu haben. Ich kann nicht umhin, hier das alltägliche Leid des Jungen Pazu zu spüren.

Wenn ich nun genauer darüber nachdenke, genoss Pazu überhaupt kein sorgenfreies Dasein allein, sondern mühte sich Tag um Tag ab, um zu leben.

*

Die Zen-Worte, die ich dieses Mal näher ausführen möchte, lauten: „Den Menschen dieser Welt wird er Schatten spenden“ (jap. *Tenka no hito no tame ni inryō to naran*). Sie gehen zurück auf Zen-Meister Linji Yixuan (jap. Rinzai Gigen), der im China der Tang-Zeit gelebt und unsere Rinzai-Sekte begründet hat. Zen-Meister Rinzai war anfangs ein Schüler von Zen-Meister Huangbo Xiyun (jap. Ōbaku Kiun) und ließ sich unter ihm ausbilden, machte jedoch kaum Fortschritte. Demzufolge war Rinzai von seinen mangelnden Fähigkeiten tief enttäuscht. Ein älterer Schüler, der ihn so gesehen hat, bat

Zen-Meister Ōbaku inständig um Hilfe. Der sagte darauf: „Dieser junge Mönch, der erst vor kurzem mein Schüler wurde, ist sehr ernst und vielversprechend. Er wird sich fortan schon entwickeln und zu einem stattlichen Baum heranwachsen, und den Menschen dieser Welt wird er Schatten spenden." Dank dieses Ratschlages fand Zen-Meister Rinzai auf wunderbare Weise die Antwort auf den Weg des Zen und lehrte ihn später vielen Schülern in Form der Rinzai-Sekte.

„Den Menschen dieser Welt wird er Schatten spenden."

In der Hitze des Hochsommers, unter der glühenden Sonne gibt es nichts Willkommeneres als den Schatten eines großen Baumes. Der Schatten der Bäume bringt denen, die sich unter ihnen ausruhen, eine kühle Brise. Andererseits ist dieser große Baum selbst fortwährend dem sengenden Sonnenlicht ausgesetzt.

Für die Rinzai-Sekte ist die wichtigste Regel, dass ein Zen-Mönch bei hereinbrechenden Katastrophen sein eigenes Leben riskieren und der Gesellschaft zu innerer Ruhe verhelfen muss, was im Japanischen mit den Worten „schattig und kühl" (*inryō*) ausgedrückt wird.

In dem Wort für Schatten (jap. *kage*) ist auch die Bedeutung „Beistand der Götter und Buddhas" enthalten. In Form des japanischen Wortes *okagesama* dient Schatten als Metapher für die Hilfe oder Unterstützung, die man von jemand anderem oder durch etwas erhalten hat; und so fand dieses Wort schließlich im Alltag der Japaner weite Verbreitung.

Wir werden im Baumschatten vieler Bäume am Leben gehalten, deren Äste über uns ausgebreitet sind. Genau deshalb sollten wir das Gefühl der Dankbarkeit, wenn wir *okagesama*, also „Danke für Ihre freundliche Unterstützung" sagen, nicht vergessen.

Im Film war Sheeta betrübt. Durch ihr Verschulden hat sich Pazu den Piraten angeschlossen, wurde sogar sein Leben in Gefahr gebracht ... War sie denn nicht selbst die Katastrophe, die von einem Tag auf den anderen Pazus friedlichen Alltag heimgesucht hat? Diese Sorgen vertraute Sheeta Pazu auf dem Luftschiff an, als sie sagte: „Weißt du, ich hätte ihn [den Flugstein] schon längst wegwerfen sollen.“ Ich liebe diese Textzeile aus Pazus Antwort darauf: „Ohne den Stein hätten wir uns bestimmt nicht kennengelernt, Sheeta.“

Es liegt bei einem selbst, ob man wegen des Steins oder dank des Steins, wie Pazu es hier meint, sagen will. Wenn etwas wie dieser Flugstein eine Chance in unserem Leben darstellt, die wir erhalten, stellt sich uns die Frage, wie wir sie auffassen und ihr entgegentreten.

Im Buddhismus glaubt man an das ewige Prinzip: „Alle Wesen leben und sterben ihrem Schicksal entsprechend.“ In dieser weiten Welt gibt es nichts, was ohne direkte Ursache und Schicksal entsteht sowie lebt und wieder vergeht. Wir kommen ausgestattet mit verschiedenen Ursachen auf die Welt, dazu gehört auch die sogenannte Buddha-Ursache (jap. *butsuin*), gewissermaßen die Saat für ein glückliches Leben. Wenn wir nicht das Beste aus unserem unmittelbaren Schicksal machen können, dann kann es sein, dass diese besondere Saat uns umgekehrt sogar Unglück bringt.

*

„Schlechtes Schicksal in gutes Schicksal verwandeln" (jap. *Warui en wo yoi en ni*).

Das ist die letzte Lektion für mein Leben, die mir mein Großvater erteilt hat. Selbst wenn man stürzt, geschieht das nicht umsonst. Das soll aber nicht bedeuten, dass man ein schändliches Leben führen soll. Es meint vielmehr, wenn man durch eine Katastrophe am Boden zerstört ist, sollte man sich etwas suchen, das dem eigenen Leben von Nutzen ist. Wenn Sie also hinfallen, greifen Sie nach etwas, um wieder aufzustehen. Auf diese Weise kann sich sogar ein negativer, schlechter Schicksalsschlag in ein glückliches, positives Schicksal wandeln. Dann entwickelt sich auch die eigene Buddha-Ursache weiter.

Diese Geschichte habe ich aus dem Mund meines Großvaters auf der Beerdigung meiner Großmutter gehört. Damals machte ich meine Zen-Ausbildung in Kyoto, durfte aber für drei Tage nach Tokyo zurückkehren und traf dort auf meinen trauernden Großvater. Bis heute habe ich sein trauriges Gesicht nicht vergessen, der beim Tod meiner Großmutter schon über hundert Jahre alt war. Siebzig Jahre waren sie verheiratet gewesen.

Mein Großvater fragte mich, da ich irgendwie keine Worte finden konnte: „Weißt du, in welcher Kondition Ehepaare sind, die siebzig Jahre miteinander verheiratet sind?" Ich erinnerte mich an Silberne und Goldene Hochzeiten und plötzlich entschlüpfte mir, selbst von mir überrascht: „Meinst du die Diamant- oder Platinhochzeit?" Darauf erklärte mir mein Großvater freundlich, aber traurig, dass es die *„air-condition"* sei. Eine Klimaanlage ist nichts, was man in Japan bequem oder komfortabel nennen würde. Stattdessen sagt man, sie stünde einem so nah wie die Luft und sei so unersetzlich, dass wir ohne sie nicht mehr leben könnten. Das erinnerte mich stark daran, dass selbst mein hundertjähriger Großvater, der gleich einem großen Baum emporragte und zahlreiche Erfahrungen gesammelt hatte, vom Baumschatten meiner Großmutter umgeben gewesen war. Dies war das letzte Gespräch, das ich mit meinem Großvater führte.

Für mich als Omakind war der Verlust meiner Großmutter zweifellos ein schlimmes Schicksal. Trotzdem lernte ich dadurch, bei der letzten Begegnung mit meinem Großvater, etwas Unersetzliches, als Zen-Mönch und als Vater eines Kindes. Und heute weiß ich, dass mir meine Großmutter ein wunderbares Geschenk gemacht hat. Denn wenn ich das schlimme Schicksal, nämlich den Tod meiner Großmutter, nicht in ein gutes umwandelte und damit zurechtkäme, könnte ich beiden nicht mehr unter die Augen treten.

2011, im Jahr des schweren Erdbebens in Ostjapan, wurde nicht „Katastrophe“ zum Schriftzeichen des Jahres, sondern das Schriftzeichen für „Bindungen“. Denn daraus erwuchs der Wille, trotz dieses sehr traurigen Schicksals mit aller Kraft nach vorne zu blicken, um weiterzuleben.

Wenn ich den wichtigsten Teil der Lehre der Rinzai-Sekte in Worte fassen soll, dann würde ich meinen, es ist es das oben bereits genannte „Danke für Ihre freundliche Unterstützung“. Mit dem Mitgefühl, sich das Glück anderer zu wünschen, beginnt der Buddhismus, genau das macht ihn aus. So sollte man das Glück von irgendjemandem als eigenes Glück betrachten statt ein Leben mit vielen Katastrophen zu führen.

Das bringen uns Pazu und Sheeta bei, die aneinander denken. Schließlich wird man merken, dass man auch selbst etwas für andere tun möchte und dabei unwissentlich von einem großen Baum umarmt wird, dessen Schatten einen belebt.

Auch wenn wir keine großen Bäume sind, können wir doch Schatten schaffen, wenn wir unsere Äste nur um einen Zentimeter verlängern, so viele Blüten wie es nur geht hervorbringen und möglichst viele Blätter wachsen lassen. Dann sollte sicherlich jemand, den wir nicht kennen, unter unserem Geäst in der Lage sein, sich von einer Durststrecke des Lebens, also einer Katastrophe, zu erholen und sich abzukühlen.

Als Pazu und Sheeta die kugelförmige Insel Laputa erreichen, komme ich nicht umhin zu denken, dass in den Herzen der beiden, die den Gold- und Silberschatz im wahrsten Sinne des Wortes in die Hände bekommen haben, der durch nichts zu ersetzende Schatz des Lebens funkelt, der für „Kontakt mit dem eigenen Herzen, Hilfsbereitschaft, Freundschaft" steht.

Mit dem Mitgefühl,
sich das Glück anderer zu wünschen,
beginnt der Buddhismus.

Zen in Corona-Zeiten –
Mit der Weisheit des Nicht-Unterscheidens Ungetrenntheit leben

Ein Gespräch zwischen Yokota Nanrei Rōdaishi (links im Bild), Hauptabt des Engakuji-Tempels, und Hosokawa Shinsuke

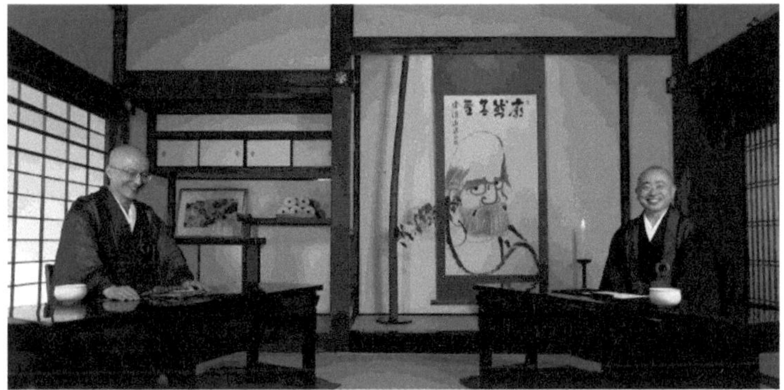

Dieses Gespräch basiert im Grunde auf zwei Unterhaltungen, die im Juli 2020 unter dem Titel *Gespräch im Tempel* für den *YouTube*-Kanal des Engakuji-Tempels, dem Haupttempel der Rinzai-Sekte, geführt wurden. Dieser wurde von Yokota Nanrei Rōdaishi, dem Hauptabt des Engakuji-Tempels, unter dem Motto eingerichtet: „Wir werden fortan Gäste, denen es möglich ist, willkommen heißen.“ Sein erster Gast war Abt Hosokawa Shinsuke.

Im Rahmen des allgemeinen Anratens zur Eindämmung der Corona-Infektion, das Haus nur zu verlassen, wenn es dringend notwendig ist, unterhielten sich Yokota und Hosokawa über die als Mönch empfundene Dankbarkeit im Zusammenhang mit dem Hier und Jetzt.

Yokota Nanrei Rōdaishi, Hauptabt des Engakuji

1964 in der Präfektur Wakayama geboren. Abschluss an der Universität Tsukuba. Noch während seines Studiums ging Yokota in den Tempel Ryūunin der Engakuji-Schule in Tokyo zu Zen-Meister Koike Shinsō. Zeitgleich mit seinem Universitätsabschluss absolvierte er eine Ausbildung in der Meditationshalle des Kenninji-Tempels in Kyoto. 1991 Ausbildung in der Meditationshalle des Engakuji-Tempels. Schüler des ehemaligen HauptabtsAdachi Daishin. 2010 Amtsübernahme als Hauptabt der Engakuji-Schule der Rinzai-Sekte. Seit 2017 Präsident der Hanazono-Universität.

Matsubara Taidō – Als Großvater und als Lehrer

Yokota: Der Werdegang als Zen-Mönch ist bei Herrn Hosokawa und mir ganz verschieden. Ich bin in einer ganz gewöhnlichen Familie in der Präfektur Wakayama zur Welt gekommen und aufgewachsen, und bin also als Außenstehender in diese Welt des Zen-Buddhismus eingetreten. Von weiter Ferne habe ich Matsubara Taidō Sensei, einen wunderbaren Lehrer, tief bewundert und mich bemüht, ihm auf meine Weise irgendwie näher zu kommen, was mir schließlich gelang. Herr Hosokawa hingegen ist seit seiner Geburt der Enkel von Matsubara Taidō Sensei. Zudem ist Ihr werter Vater Hosokawa Keiichi Rōshi[53] der Abt des Ryūunji-Tempels im Stadtviertel Nozawa. Er ist bereits eine bedeutende Persönlichkeit der Myōshinji-Schule der Rinzai-Sekte, und Ihre werte Mutter ist die Tochter von Matsubara Sensei. Tatsächlich gibt es in unserer Rinzai-Sekte gar niemanden mit solch einer Ahnengalerie. In meinem Fall verhält es sich so – es gibt doch den Ausdruck „seine Wurzeln nicht kennen“ –, dass ich nahe des Kumano-Flusses in der Präfektur Wakayama geboren und aufgewachsen bin, und kaum etwas über meine Wurzeln sagen kann. Dies wird also ein Gespräch zwischen jemandem mit langer Ahnenreihe und einem Wurzellosen. (lacht)

Obwohl es für mich hier und da Hürden zu überwinden galt, um dorthin zu kommen, wo ich heute stehe, nehme ich an, dass es auch für Sie mit Ihrem Hintergrund verschiedene Schwierigkeiten und Konflikte gab. Zwar sind Sie in einen Tempel hineingeboren worden, doch Sie sind der zweitälteste Sohn, nicht wahr?

Hosokawa: Das stimmt.

Yokota: Hatten Sie schon immer das Gefühl, eines Tages den Tempel zu übernehmen oder Mönch werden zu wollen?

Hosokawa: Mein älterer Bruder ist ein in jeder Form herausragender Mensch, ich sah mich immer als Freigeist und habe entsprechend gelebt. Deshalb dachte ich, dass meine Eltern mich dafür loben würden, wenn ich im Tempel mithälfe. Vielleicht suchte ich unbewusst nach etwas, das mein Bruder nicht konnte. Als mein Bruder beschloss, kein Mönch zu werden, war ich zwanzig Jahre alt. Ab da war ich dann fest entschlossen, ein Zen-Ausbildungs-Dōjō zu besuchen. Nicht, weil ich aufsässig war, aber vielleicht um mit irgendetwas aufzutrumpfen.

Yokota: Kam damals keine Kritik?

Hosokawa: Die war eher konstruktiv. Es ist mir aber peinlich zuzugeben, dass es damals kaum aus dem Gefühl heraus geschah, „etwas für die Welt und die Menschen" tun zu wollen, oder der Frage „Was ist buddhistische Erleuchtung?" nachzugehen. Jeden Monat hielt mein Großvater Matsubara Taidō in unserem Tempel einen Dharma-Vortrag. Seit mehr als dreißig Jahren tat er dies, aber ganz ehrlich, ich habe mir nie einen angehört.

Yokota: Nicht doch, es hat mich immer Mühe gekostet, um am Dharma-Vortrag teilzunehmen. (lacht)

Hosokawa: Mit meiner Großmutter, die immer mitgekommen ist, habe ich stattdessen Pferderennen geschaut, aber ohne darauf zu wetten, wir haben Reiscracker und Mandarinen gegessen, und wenn mein Großvater von seinem Dharma-Vortrag zurückkam, haben wir zusammen gebadet, zu Abend gegessen und uns an der Haustür verabschiedet. So war im Hause Hosokawa der Umgang zwischen Enkelkindern und den Großeltern mütterlicherseits. Vom heutigen Standpunkt aus denke ich, dass ich als Mönch deutlich besser und verständnisvoller sprechen könnte, wenn ich mir die Dharma-Vorträge meines Großvaters angehört hätte, aber auf der anderen Seite konnte ich mich wohl von allem freimachen, gerade weil ich keinen seiner Vorträge gehört habe. Das klingt jetzt etwas danach, als wollte ich mich herausreden.

Yokota: Zum Lehren und Lernen gehört natürlich auch das Vermitteln durch Geschichten. Doch neuerdings habe ich den Eindruck, durch das Zusammensein, wenn man mit jemandem Tee trinkt oder gemeinsam isst, versteht man sich nicht nur vom Kopf her. Wird da nicht auch tief im Herzen etwas bewirkt? Daher frage ich mich, ob dieser Einfluss bei Ihnen vielleicht immer noch besteht?

Hosokawa: Als ich im Myōshinji-Tempel in Kyoto meinen Schulungen nachging, wollte mein Großvater, der damals fast einhundert Jahre alt war, die *Kaizandō* (die heilige Halle, wo Zen-Meister Musō verehrt wird, der den Myōshinji-Tempel gegründet hat) besuchen, und kam mit meiner Mutter. Danach hielt mein Großvater vor den Fukyōshi-Mönchen, die auf Dharma-Verbreitung in anderen Ländern spezialisiert sind, einen einstündigen Vortrag. Bevor dieser begann, wartete mein Großvater in seinem nahe gelegenen Quartier, und ich bin hin, um ihn zu begrüßen. Da wir uns schon länger nicht mehr gesehen hatten, fragte ich mich erwartungsvoll, wie herzlich er mich empfangen würde. Allerdings bat er mich schon wenige Minuten nach der Begrüßung wieder hinaus, weil er sich auf seine Rede vorbereiten wollte. Mein Großvater, der mit seinen fast hundert Jahren schon Zehntausende von Vorträgen gehalten hatte, hatte es sich zur Regel gemacht, wenn er einen sechzigminütigen Vortrag hielt, diesen vorab auch genau sechzig Minuten lang durchzugehen.

Yokota: Darum war Matsubara Sensei also jedes Mal so gut vorbereitet.

Hosokawa: Genau. Durch diese Episode habe ich die Grundlagen, wie man etwas vermittelt, gelernt. Hätte er mir gesagt, ich solle es genauso tun, hätte ich vielleicht widersprochen, aber als ich ihm damals hinterhersah, hatte ich begriffen, wie wichtig es ist, einen Vortrag vorher noch einmal durchzugehen und sich vorzubereiten.

Mein Vater sagte nur: „Komm jetzt nicht zurück!"

Yokota: Nachdem Sie sich entschieden hatten, die Familientradition fortzuführen und Mönch zu werden, haben Sie sich neun Jahre im Myōshinji-Tempel in Kyoto Ihrer Ausbildung gewidmet. Ich hörte, der große Wendepunkt in Ihrer Ausbildungszeit war nach etwa drei Jahren der Tod eines Ihnen nahestehenden Menschen. Könnten Sie uns ein wenig über diese Erfahrung erzählen, sofern Sie darüber sprechen möchten?

Hosokawa: Wir nennen alle Novizen, die zur gleichen Zeit Schüler im Ausbildungs-Dōjō werden, *Dōge,* was wortwörtlich „derselbe Sommer" bedeutet. Wir sind Freunde, die 365 Tage im Jahr, 24 Stunden am Tag zusammen sind, aber wenn man sich keine Mühe gibt, kennt man selbst nach einem Jahr nicht einmal den Nachnamen dieser Leute. Wir sprechen uns nämlich nur mit den Vornamen an. Die *Dōge* haben wirklich eine ganz besondere Beziehung zueinander, noch einmal anders als zu einem engen Freund.

Etwa um die Zeit, als so ein besonderer Freund sich gerade an die Ausbildung gewöhnt hatte, starb er ganz überraschend. Bis in meine Zwanziger hinein war ich zum Glück nie mit dem Tod einer nahestehenden Person in Berührung gekommen. Daher sah ich mich nun erstmals direkt mit dem Tod konfrontiert, der bis dahin ja nie ein Thema für mich gewesen war. Mein Freund, der ganz selbstverständlich immer in meiner Nähe gewesen war, war nun tot. Von einem Moment auf den anderen war er nicht mehr da. Mein Wissen und meine Erfahrungen, die ich bis zu diesem Zeitpunkt gewonnen hatte, halfen mir in keiner Weise, diese Realität zu verarbeiten.

Wenn ich mich auf die Beerdigung vorbereitete oder eine vorgegebene Arbeit erledigte, konnte ich von meinem Kummer etwas absehen, aber die Zeit, in der ich Zazen praktizierte, bedeutete nichts als Schmerz. Ständig ging mir irgendetwas durch den Kopf, wie: „Habe ich damals wirklich nichts tun können?“, „Hätte ich nicht mit mehr Überlegung handeln können?“. Nur beim Zazen tauchten immer wieder bloß meine Schuldgefühle und unangenehmen Gedanken auf.

Ich war in dieser Verfassung, als der *Rōdaishi* (ein erfahrener Mönch, der die Novizen anleitet) des Myōshinji-Tempels, mit dem ich zu tun hatte, am Tag nach der Trauerfeier plötzlich zu mir sagte: „Machen wir es wie immer!“ Er muss uns, die wir unsere Trauer ständig mit uns herumschleppten, wohl irgendetwas angemerkt haben. Bei diesem einen Satz blieb uns nichts Anderes übrig, als uns auf das zu konzentrieren, was vor uns lag. Ob es meine tägliche Arbeit auf dem Feld war, die Zazen-Atemmeditation (jap. *susokukan*, eine Atemtechnik, bei der Ein- und Ausatmungen gezählt werden) oder die erteilten Kōan (Aufgaben und Zen-*Mondō*, die man vom Zen-Meister aufgetragen bekommt), ich konnte sie jetzt mit einem anderen Selbstverständnis angehen. Als dies geschah, begann ich darüber nachzudenken, was für eine Welt sich wohl direkt vor einem ausbreiten mag, wenn man in der

Lage ist, alle Zen-*Mondō*, von denen es an die tausend geben soll, zu lösen. Es musste doch auch irgendeine Lösung für mein großes Problem zu finden sein, nämlich den Tod, unter dem ich enorm litt.

Von da an war bei mir nachträglich ein Schalter umgelegt worden, ich war fest entschlossen, bei jeder einzelnen Schulung mein Bestes zu geben. Bis dahin hatte ich gedacht, es wäre gut, einige Jahre lang meinen Übungen nachzugehen, um dann nach Tokyo zurückzukehren und mich um die Gemeindemitglieder des Tempels zu kümmern. Aber nun wollte ich aus tiefstem Herzen sehen, was für eine Welt sich nach der so genannten Zen-Erleuchtung und den ihr vorausgehenden Zen-*Mondō*, den sogenannten Kōan, vor mir ausbreiten würde.

Yokota: Man sagt oft, jeder könne sich drei Jahre lang einfach ausprobieren, aber es ist wichtig, dass es in dieser Zeit zu einem Wendepunkt kommt. Die Frage ist, wird man ab da wirklich von sich aus aktiv, oder lässt man sich lieber treiben und wird träge? Hat Ihre Ausbildungszeit, Herr Hosokawa, darum neun Jahre gedauert, weil sie sich seitdem so intensiv den Schulungen gewidmet haben?

Hosokawa: Genau. Nach neun Jahren war ich endlich so weit, in den Tempel nach Tokyo zurückzukehren. Aber zwischendurch gab es eigentlich nur im siebten Jahr einmal einen Punkt, an dem ich alles hinschmeißen wollte. Ich hatte das Gefühl, unmittelbar vor einer unüberwindbaren Wand zu stehen. Da dachte ich, ob es nicht besser wäre, demütig nach Hause zurückzukehren. Weil man ohne die Erlaubnis seines Zen-Lehrmeisters nicht einfach im Dōjō aufhören kann, rief ich von einem öffentlichen Telefon aus zu Hause im Tempel in Tokyo an. Aus dem Hörer drangen jedoch Worte an mein Ohr, mit denen ich nicht gerechnet hatte. Ich wurde von meinem Zen-Lehrmeister (meinem Vater), der immer gesagt hatte: „Du kannst jederzeit nach Hause zurückkommen", mit den Worten „Komm jetzt nicht zurück!" davon abgehalten. Ich höre noch immer die Stimme meines Zen-Lehrmeisters von damals.

Yokota: Ihr Vater hatte diese Art von Erfahrung selbst durchgemacht. Darum verstand er die Situation wahrscheinlich sehr gut.

Hosokawa: Ja. Hätte ich das Dōjō damals verlassen und wäre nach Hause zurückgekehrt, würde ich hier heute wohl nicht sitzen. Ich frage mich, ob wir nicht sogar verschiedene Möglichkeiten in die Wiege gelegt bekommen, wie unser Schicksal aussehen kann. Ein einziger Satz von jemandem kann wirklich das Leben verändern. Ich finde, Worte sind wirklich toll.

Wegen Corona abgesagt: Zazen-Sitzungen und das *Mitsumine-Haruna*-Gebet

Yokota: Etwa seit Ende Februar, den März, April und Mai hindurch haben die Auswirkungen des COVID-19-Virus unsere Lebensumstände verändert.

Erst einmal möchte ich sagen, dass wir so leben können, verdanken wir den Menschen im Gesundheitssystem, denen, die bei den Gesundheitsämtern, Behörden und dergleichen arbeiten, dann allen, die sich um die Verteilung kümmern, bis hin zur Müllabfuhr u.v.m., die alle sehr viel zu tun haben und mit solch einem Einsatz für uns da sind. Ich schätze ihre Arbeit wirklich sehr.

Im Februar noch hatten wir in Tokyo unter der Schirmherrschaft der Hanazono-Studienanstalt eine Vorlesung fürs

Schulfernsehen aufgenommen. Masamichi Tokumon Rōshi vom Enpukuji-Tempel aus der Stadt Yawata hielt einen Vortrag, und als Präsident der Hanazono-Universität hatte ich die Begrüßung übernommen. Sie, Herr Hosokawa waren ebenfalls gekommen, und zusammen hatten wir in der Nähe des Tokyoter Hauptbahnhofs gegessen. Dass so etwas möglich war, kommt mir heute wie ein Traum vor. Wie fühlen Sie sich in der aktuellen Situation?

Hosokawa: Ehrlich gesagt, diese vier Worte „wenn nicht dringend notwendig" haben mich schwer beschäftigt, wie ein Zen-*Mondō*.

Yokota: Mich auch. Ich habe sogar ein Gedicht darüber geschrieben: „Pläne verblassen – wissen, sie alle sind nicht dringend notwendig". Durch diesen einen Satz: „Bitte unterlassen Sie es auszugehen, wenn nicht dringend notwendig.", waren all meine Termine in meinem mehr als vollen Kalender gestrichen. Demzufolge, war also alles, was ich tat, weder notwendig noch dringend. (lacht)

Hosokawa: Genau so ist es, nicht wahr? Mit 34 Jahren bin ich Abt meines Tempels geworden. Auch mein Vater hatte mit 34 das Amt des Abtes übernommen. Aus diesem Grund hatte er vielleicht schon vorher entschieden, dass er mir dieses Amt überlassen würde, wenn ich genauso alt wäre. Es kommt auch in einem Tempel, den man sein Leben lang behütet hat, kaum vor, dass man ihn einem Grünschnabel anvertraut, der erst seit drei Jahren von seiner Ausbildung zurück ist. Da es tatsächlich Einwände gab, war ich damals von der – man kann schon sagen – Kühnheit meines Vaters tief beeindruckt, und ebenso davon, dass mein Vater die sonntäglichen Zazen-Sitzungen, die er eingeführt hatte, niemals ausfallen ließ. Ich entschied mich, diese Zazen-Sitzungen zu meiner wichtigsten

Aufgabe als Abt und zu meiner hauptsächlichen Veranstaltung zu machen. Mein Vater hatte mit den Zazen-Sitzungen ohne Teilnehmer begonnen und führte sie vierzig Jahre ohne Unterbrechung lang fort, es sei denn, der 1. Januar fiel auf einen Sonntag.

Noch eins. Auch die Tradition des *Mitsumine-Haruna*-Gebets, das seit der Edo-Zeit stattfindet, wollte ich weiterführen. Es handelt sich um eine traditionelle Veranstaltung im Bezirk Setagaya, im Stadtviertel von Nozawa, bei der man zum Mitsumine-Schrein und zum Haruna-Schrein geht, um für Regen zu beten. Das waren für mich als Abt die beiden Grundpfeiler. Aber wegen des COVID-19-Virus musste ich sowohl die Zazen-Sitzungen als auch das *Mitsumine-Haruna*-Gebet ausfallen lassen.

Yokota: Ich verstehe.

Hosokawa: Zuerst fühlte ich mich niedergeschlagen, weil mir vorgehalten wurde, dass das, wofür ich mich mit Leib und Seele eingesetzt hatte und immer noch versuche zu tun, weder notwendig noch dringend sein sollen. Während ich so deprimiert war, schrieb ich Beiträge, machte sauber, schnitt im Garten die Aprikosenbäume zurück, legte in einem Teil des Tempelgartens ein Feld an … Während ich all dies tat, machte ich es mir zu meiner dringendsten Aufgabe, herauszufinden, was für mich sowohl notwendig als auch dringend war. Ich meine, solange wir nur Nahrung, Kleidung und ein Dach über dem Kopf haben, können wir leben, doch sind es nicht gerade die sogenannten nicht dringend notwendigen Dinge, die unserem Leben in Wirklichkeit Tiefe verleihen? Es gelang mir, wieder an diesen Punkt zurückzukehren.

Sobald ich anfing, auf diese Weise zu denken, merkte ich, dass Putzen, das Rückschneiden der Bäume, die Feldarbeit im

Garten, jede einzelne Tätigkeit für sich meine Lebensgeister weckte.

Jetzt, wo ich die unterbrochenen Zazen-Sitzungen wiederaufnehmen kann, glaube ich, dass ich mich mit einem anderen Gefühl als vorher damit auseinandersetzen kann. Ich tue es nun mit der Einstellung im Sinne von „etwas Wichtiges, das man jederzeit loslassen kann".

Yokota: „Etwas Wichtiges, das man jederzeit loslassen kann", das sind tiefsinnige Worte. Bedeuten sie, auch wenn man wichtige Sachen loslässt, sie weiterhin zu besitzen?

Hosokawa: Das wäre schön. Zazen sollten alle praktizieren, um körperlich und geistig gesund zu bleiben. Wenn man seine Gesundheit an erster Stelle setzt, findet man auch den Mut, mit etwas aufzuhören. Obwohl ich damals wirklich ratlos war, konnte ich herausfinden, was ich in meiner Zwangspause tun kann. Wenn man an selbst gesteckten Zielen festhält – wie bei mir: „So möchte ich als Zen-Mönch sein", „Ich möchte den Tempel im Sinne meines Vaters weiterführen" –, werden Zazen-Sitzungen unflexibel. In diesem Fall ist man nicht in der Lage, die Herzen aller zu erreichen, und wenn man nicht aufpasst, wenden sich die Leute vielleicht sogar von einem ab. Deshalb möchte ich großzügig handeln, so als würde ich „jederzeit gerne" sagen, wenn ich etwas überlasse, ohne daran festzuhalten.

Yokota: Ich bin sehr gut im Loslassen, gleich lasse ich wieder los. (lacht) Dann hat man auch kein Problem, wenn es heftig zu regnen anfängt. Man spannt einfach einen Schirm auf. In dem Sinne, nicht wahr?

Hosokawa: Da ich nicht über Ihre Unbeschwertheit verfüge, hatte ich mir für die Zazen-Sitzung verschiedene Dinge überlegt, wie zum Beispiel: „Ich könnte doch eine Acrylplatte aufstellen.“ (lacht) Aber als ich den Mut hatte, loszulassen, lernte ich, dass es auch anders geht.

Wie denken Sie über Zazen-Sitzungen per Internet oder *YouTube*?

Yokota: Angefangen bei Ihnen, Herr Hosokawa bieten junge Mönche heutzutage über die neuen Medien wie das Internet Online-Zazen-Sitzungen an und beteiligen sich aktiv an verschiedenen Aktivitäten. Ich freue mich sehr, wenn sich sozusagen neue Kräfte entwickeln, was doch bedeutet, dass unsere Welt noch nicht aufgegeben wurde. Ich versuche selbst mit solchen Leuten mitzuhalten, indem ich auch einen *YouTube*-Kanal betreibe, aber wie ist Ihre Einstellung zu solchen Ideen?

Hosokawa: Ich halte in unserem Tempel ebenfalls Online-Zazen-Sitzungen ab. Ehrlich gesagt war ich diesen gegenüber anfangs nicht sehr positiv eingestellt.

Yokota: Das verstehe ich. Denn gerade bei uns heißt es oft, was online ist, sei sinnlos, weil man nicht tatsächlich hingeht und vor Ort ist.

Hosokawa: Ja, wenn ich ehrlich bin, als ich durch das Internet erfuhr, dass die „Vereinigung junger Rinzai-Mönche“ (jap. *Rinzaishū seinensō no kai*) Online-Zazen-Sitzungen per Zoom abhielt, konnte ich das kaum nachvollziehen. Da ich den Vorsatz gefasst hatte, dass der Raum (örtlich und zeitlich) wichtig ist, konnte ich mir überhaupt nicht vorstellen, dass Zazen-Sitzungen online ersetzbar sein könnten. Deswegen beschloss ich, einmal daran teilzunehmen, um zu sehen, wie eine Zazen-Sitzung online ist. Ohne meinen Namen anzugeben, einfach nur mit meinen Initialen.

Yokota: Hat man Sie nicht erkannt?

Hosokawa: Doch. (lacht) Als ich dann aber sah, wie Takahashi Genpō vom Daianzenji-Tempel in Fukui, der in meiner Ausbildungszeit nach mir gekommen war, die Zazen-Sitzung leitete, fand ich es ehrlich gesagt ganz gut. Ich hatte sogar das Gefühl, mich selbst durch seine Gestalt gespiegelt sehen zu können, so wie ich es machte.

Yokota: Erstaunlich.

Hosokawa: In der Zwischenzeit war bekannt geworden, dass ich mich der Gruppe angeschlossen hatte, und so erhielt ich von Yokoyama Yūkō vom Tōkōji-Tempel in Shimizu, in der Präfektur Shizuoka, der die Verwaltung der „Vereinigung junger Rinzai-Mönche" leitet, eine Einladung mit den Worten: „Könnten Sie nicht wenigstens ein einziges Mal mitmachen?" Ich sprach dann in der menschenleeren Haupthalle des Tempels in die Kamera. Es lief ganz gut. Und es gab mir eine Frische zurück, die ich schon längst vergessen hatte. Also dachte ich mir, das könnte ich doch auch für unsere sonntäglichen Zazen-Sitzungen machen, und so beschloss ich, diese in der folgenden Woche online abzuhalten.

Yokota: Ach, so kam das. Wie fühlte es sich denn an, als Sie selbst Zazen online angeboten haben?

Hosokawa: Der Vorteil der Online-Zazen-Sitzungen ist, dass Entfernung keine Rolle spielt. Es bietet eine Plattform für diejenigen, die gerne vor Ort teilgenommen hätten, dies aber aus verkehrstechnischen Gründen nie konnten. Heute interessiere ich mich auch für die Zazen-Unterweisungen anderer Mönche aus der „Vereinigung junger Rinzai-Mönche" und nehme daran teil, wenn es meine Zeit erlaubt. Oder ich schaue mir Ihren *YouTube*-Kanal an und lerne dadurch, wie man Zazen praktiziert, oder ich studiere online die Reden von

Fujita Isshō[54]. Angenommen es gibt hundert Leute, dann können sie, denke ich, von hundert Mönchen Methoden zur Zazen-Unterweisung lernen. Erhöht sich damit nicht gleichzeitig auch die Chance der Teilnehmer, auf einen Zazen-Stil zu treffen, der zu ihnen passt, erheblich?

In der Edo-Zeit verfasste Zen-Meister Hakuin einst ein japanischsprachiges Sutra namens „Zazen-Hymne" (jap. *Zazen wasan*) im Rhythmus des Nō-Gesangs. Ich glaube, dass Zen-Meister Hakuin einen damaligen Trend aufgriff und sich für den Nō-Gesang, der am leichtesten unter dem gemeinen Volk Verbreitung fand, als Mittel zum Zweck entschied. Können wir denn nicht verschiedenen Menschen das Gefühl geben, froh zu sein, dass es einen Tempel gibt, indem auch wir Mönche die Welt des Internets und der Online-Technologien gut zu nutzen wissen?

Man mag meinen, dass in der religiösen Welt, wo man Traditionen achtet, die Verbreitung des Zen über das Internet nicht der richtige Weg sei. Ich habe jedoch das Gefühl, dass sich die Möglichkeiten von uns jungen Mönchen enorm erweitern, wenn jemand in einer Position wie Sie den ersten Schritt macht und auf *YouTube* und in Blogs postet. Ich möchte das Wort „dank" Corona nicht leichtfertigerweise verwenden, aber ich finde, dadurch haben auch Menschen, die bisher keine Verbindung zum Buddhismus oder Zen haben, die Gelegenheit bekommen, es sich über das Internet einmal anzusehen.

Yokota: Es gibt doch die Worte von Daitō Kokushi, einem hochrangigen Zen-Meister aus der Kamakura-Zeit (1185–1333): „Nur mit Mühe nahmen sie Abschied, waren aber keinen Moment getrennt." Obwohl sie die ganze Zeit weit voneinander entfernt sind, sind sie in Wirklichkeit nicht einmal einen Augenblick lang getrennt. Gemäß den Worten von Suzuki D. T. Sensei[55], gibt es wohl eine spirituelle Welt, aber ganz gleich, wie weit man in der leeren Welt, der Herzwelt und der Herz-Buddha-Welt geht und sich nicht wirklich treffen kann, man ist sich nicht fern. So ist auch das Internet ein Medium, das unsere Kommunikation sicherstellt, während wir wirklich voneinander entfernt sind. Wenn man sich vollkommen darauf verlässt, ist das auch wieder problematisch, aber ich fände es schön, wenn es zu einem Mittel wird, das die Kommunikation zwischen Menschen gewährleistet, mit dem Gefühl, jederzeit wieder gehen zu können. Umgekehrt gibt es auch den Fall, dass man sich nicht versteht, auch wenn man ständig in der Nähe ist. So sind halt Menschen.

Hosokawa: Genau so ist es.

Yokota: Es gibt doch unter den Zen-Worten den Begriff der „hängenden Hände“ (jap. *suishu*)[56]. Es bedeutet die Hände herunterhängen zu lassen. Ich denke, dass diese Art von Werkzeug in Form des Internets einer Hand gleichkommt. Was mich am *YouTube*-Kanal usw. unheimlich freut, ist, dass Leute, die schon immer mal den Engakuji-Tempel besuchen wollten, aus verkehrstechnischen oder physischen Gründen aber daran gehindert waren, ihn dadurch nun doch sehen können. Ist das nicht einfach toll?

Hosokawa: Absolut. Ich denke, dass sich dadurch auch für Japaner, die ins Ausland gegangen sind, und für diejenigen, die Zen im Ausland studieren möchten, viele neue Möglichkeiten ergeben haben.

Yokota: Dann die Zazen-Unterweisungen, die ich vorhin kurz erwähnt hatte. Ich habe schlichtweg das Gefühl, dass es gut wäre, wenn junge Leute Zazen-Unterweisungen übernähmen. Also, ich halte das für extrem wichtig. Auf diejenigen, die zum ersten Mal Zazen ausprobieren, wird die Sprache, mit der sie unterrichtet werden, einen ziemlich bleibenden Eindruck hinterlassen. Deshalb mache und veröffentliche ich auch Videos (*Start a Zazen practice*) über die Grundlagen von Zazen-Methoden und ähnliches.

Hosokawa: Vor etwa zehn Jahren war es noch undenkbar, dass jemand wie Sie oder Fujita Isshō über *YouTube* Zazen-Unterweisungen geben würden. Es hieß immer, dass Zazen nur daraus besteht, schweigend dazusitzen. Seitdem hat sich viel verändert, die junge Generationen will genaue Erklärungen wie etwa: „So sitzt man gut." Natürlich sind es nicht allein die zunehmenden Gelegenheiten, auch Inhalte an sich werden gebraucht. Ich habe das Gefühl, dass wir gerade mit der Notwendigkeit konfrontiert werden, uns noch ernsthafter mit Zazen auseinanderzusetzen.

Yokota: Naja, es ist vielleicht nicht ganz passend zu sagen, dass wir das Corona verdanken, aber ich finde es wunderbar, was sich hier getan hat, natürlich im Vergleich zu damals, als es das alles gar nicht gab. Bei solch großen Veränderungen entsteht auf diese Weise etwas Neues. Darauf freue ich mich schon.

Hosokawa: Das Wort *hayari* für einen Trend, der um sich greift, soll ursprünglich aus der Zeit einer Seuche stammen. Es gibt Dokumente, aus denen hervorgeht, dass selbst unsere Rinzai-Sekte in Japan sozusagen dadurch gegründet wurde, weil es in der Kamakura-Zeit eine Seuche und eine große Erdbebenkatastrophe gab. Ich denke, dass wir uns heute an einem wirklich wichtigen Meilenstein befinden. Aber gerade weil wir uns in einer Situation befinden, in der sich so viele Dinge verändern, halte ich Matsuo Bashōs Begriff von „Unvergänglichkeit und Flüchtigkeit" (jap. *fueki ryūkō*) heute für besonders wichtig. Matsutake Kanzan Rōshi vom Heirinji-Tempel in

Niiza, in der Präfektur Saitama, drückte es auf diese Weise aus: „Was darf nicht geändert werden, was ist notwendigerweise zu ändern, was kann nicht anders als geändert werden?“ Ich denke, das Mitteilen, wie wir es gerade per *YouTube* oder Internet tun, gehört zu den Dingen, die man ändern muss und die dem Zeitgeist entsprechen müssen. Was meinen Sie denn zu den Dingen, die darüber hinaus nicht geändert werden dürfen?

Yokota: Ich denke, die Dinge, die nicht geändert werden dürfen, sind solche, die sich nicht ändern lassen, egal was wir tun. Etwas, das sich aber auch gar nicht ändert, ganz gleich, was man versucht. Das sind Spiritualität und Nicht-Unterscheiden, um die Begriffe von Suzuki D. T. Sensei zu gebrauchen, oder in unseren Worten das Herz Buddhas und die Buddha-Natur. Solange wir uns daran halten, dass das Herz Buddhas und die Buddha-Natur, egal ob bei *YouTube* oder im Internet, unangetastet bleiben und keinen Schaden nehmen, mache ich mir über alles andere keine Sorgen. (lacht)

Zen-Sprache ist nicht erklärbar

Hosokawa: Erzählen Sie uns doch ein wenig über die Zen-Sprache. Zum Beispiel über die Zen-Worte „Lass uns Tee trinken!“ (jap. *Kissako*). Sie sind in der Zen-Welt weit bekannt und zu einem berühmten Zen-*Mondō* geworden.

Um kurz zu erklären, worum es geht: Ein Mönch in der Ausbildung bittet Jōshū Oshō, einen berühmten Zen-Mönch der Tang-Zeit, von ihm unterwiesen zu werden. Jōshū Oshō fragte ihn: „Warst du nicht schon einmal hier?“ Der Mönch antwortete: „Ja, ich war schon mal hier.“ Darauf entgegnete Jōshū Oshō: „Lass uns Tee trinken!“ Wieder kam ein Mönch und wurde von Jōshū Oshō gefragt: „Warst du nicht schon einmal hier?“ Doch diesmal antwortete der Mönch: „Nein, ich bin zum ersten Mal hier.“ Daraufhin sagte Jōshū Oshō erneut: „Lass uns Tee trinken!“ Als der *Inshu*, der Stellvertreter des Hauptabtes, von diesen gemeinsamen Teestunden hörte, fragte er: „Warum sagen Sie das Gleiche sowohl zu demjenigen, der zum ersten Mal hier ist, als auch zu dem, der früher schon einmal hier gewesen ist?“ Darauf rief Jōshū Oshō: „Werter Inshu“. Als dieser mit „Ja“ antwortete, sagte Jōshū Oshō erneut: „Lass uns Tee trinken!“

So geht die Geschichte. Als ich jedoch einmal versuchte, für eine Teezeremonie-Zeitschrift eine Erläuterung für die Worte „Lass uns Tee trinken!“ zu schreiben, war ich wirklich ratlos. Ich konnte die Bedeutung dieses Ausdrucks nicht genau in Worte fassen. Wie würden Sie bezüglich dieses Zen-Ausdrucks auf die Frage antworten: „Was hat er für eine Bedeutung?“

Yokota: Ich kann ihn nicht erklären. Ich verstehe ihn nicht ganz. Ich glaube nicht, dass ich jemals eine Erläuterung von Zen-Ausdrücken gemacht habe.

Hosokawa: In der monatlich erscheinenden Zeitschrift *Chichi*[57] werden regelmäßig Erläuterungen zu Zen-Ausdrücken veröffentlicht.

Yokota: Ach, die Sache. Ich erläutere Zen-Ausdrücke nicht, ich verwende sie, um auszudrücken, was mich bewegt hat und was in meinem Inneren vor sich gegangen ist. Ich erläutere, was ich gerade vorrangig denke, wovon ich am meisten ergriffen bin, und Gedanken, die ich unbedingt vermitteln möchte. Nur um das auszudrücken, verwende ich Zen-Worte. Es gibt Zen-Worte, aber es geht nicht darum, dass man nun versucht sie zu erklären. Auch im Kōan-Zen werden Fragen gestellt und beantwortet sowie die passenden Zen-Worte dazu gesucht, nicht wahr?

Hosokawa: In der Welt des Zen gibt es doch die sogenannten *Jakugo*-Worte, kurze Kommentare zu den Kōan.

Yokota: Ja, es ist so wie eben, als wir genervt waren, „Lass uns Tee trinken!“ nicht mit unseren eigenen Worten erklären zu können. Wenn man sich da aber hineindenkt, findet man schon die passenden Worte.

Ich werde auch jetzt die gleiche Arbeit machen.

Bis jetzt kam mir noch nie der Gedanke, dass in diesem Sinne „Lass uns Tee trinken!“ gemeint ist. Daher habe ich diesen Ausdruck nie erläutert, und ich muss ehrlich zugeben, dass ich ziemlich verlegen bin, wenn ich danach gefragt werde. Jedenfalls, diesen Jōshū Oshō verstehe ich nicht wirklich.

Hosokawa: Das geht mir auch so. (lacht)

Yokota: Ich merke auch, dass es selbst bei dem Umfang an Schulung, die jemand wie ich hat, unermesslich ist. Kann man das überhaupt so vergleichen? Wir haben bisher immer angenommen, dass *Kissako* „Lass uns Tee trinken!“ bedeutet, aber nach neuesten Forschungen gibt es auch die Theorie, dass „Betritt die Meditationshalle, wie es sich gehört, und übe richtig!“ impliziert ist.

Was ich aber verstanden habe, ist, dass die Lebensumstände von Jōshū Oshō für jemanden wie mich in keiner Weise nachvollziehbar sind. Es gibt verschiedene Erklärungen, aber wenn Sie wollen, dass ich es mit einem Zen-Wort ausdrücke, dann würde ich „Es ist unmöglich zu begreifen“ (jap. *Mokkaha*) sagen. Man braucht es nicht zu begreifen. Tja, da kann man nichts machen. (lacht)

Hosokawa: Nein, nein. (lacht) Ich lese immer die regelmäßig erscheinenden Artikel in Ihrer Monatszeitschrift, damit kann ich mich in die Auslegung von Zen-Ausdrücken vertiefen.

Yokota: Ich achte nur darauf, was mir als erstes in den Sinn gekommen ist.

Hosokawa: Sie können also auf Zen-Wörter zurückgreifen, die dazu passen?

Yokota: Ich suche nur danach. Es macht keinen Sinn, wenn man darum gebeten wird, zu einem Zen-Wort eine Erläuterung zu schreiben. Als ich für Adachi Rōshi arbeitete, meinen Vorgänger im Engakuji-Tempel, der dieses Frühjahr verstorben ist, wollte ich einmal, dass er für mich die Worte „Auf weitere dreißig Jahre Zen-Praxis!“[58] (jap. *Sarani sanzeyo sanjūnen*) schreibt, aber er antwortete: „Das kann ich nicht schreiben.“ Obwohl ich ihn fragte: „Warum denn nicht?“, bekam ich keine Antwort. Als ich ihn bat, „Vererbung der rechten Achtsamkeit“ (jap. *shōnen sōzoku*) zu schreiben, sagte er wieder: „Ich kann das nicht schreiben.“ Vielleicht, so vermute ich, war er der Meinung, dass dies an ihn selbst gerichtete Worte waren, und nicht solche, die er für andere schreibt. Damals wurde mir klar, dass es nicht darum geht, einfach irgendetwas zu schreiben.

Bei den berühmten Zen-Ausdrücken bin ich auch bei „Eine einmalige Gelegenheit im Leben“ ratlos. Leider reicht meine Entschiedenheit nicht so weit, als dass ich nach dem Vorsatz von „Eine einmalige Gelegenheit im Leben“ lebe. Ich habe erst vor ein paar Tagen mit einem Mönch in der Ausbildung gesprochen, aber finden Sie nicht, dass die Rōshi bei allem vorschnell sind? „Mach gleich, mach schnell!“, hieß es doch immer, nicht? Vor allem bei Geschenken, wenn ich dachte, dass ich dem Rōshi die erhaltenen Speisen und Getränke am nächsten Tag oder in wenigen Tagen reichen sollte, regte ich mich besonders auf. Haben Sie solche Erfahrungen nicht gemacht?

Hosokawa: Doch, zuhauf. (lacht)

Yokota: Also, mein Vater war Schmied auf dem Lande in der Region Kishū, aber er achtete sehr darauf, dass das Essen noch am selben Tag aufgegessen wurde und dass die jeweiligen Tagesaufgaben noch am selben Tag erledigt wurden. Nur hierbei war er streng. Wenn ich zum Beispiel abends etwas geschenkt bekommen hatte und erklärte, dass ich es morgen essen wolle, weil ich satt war, regte er sich furchtbar auf und sagte, dass ich es noch innerhalb desselben Tages essen sollte.

Er hat halt im Krieg seine Erfahrungen gemacht. Denn er hat wirklich erfahren, was der entscheidende Moment von Leben oder Tod bedeutet, als bei einem Luftangriff seine Klassenkameraden ganz in der Nähe starben. Ich glaube, die Menschen aus dieser Zeit haben das Gefühl, dass es keine Garantie dafür gibt, heute erhaltene Sachen am nächsten Tag essen zu können. Wir wiederum denken, dass wir morgen essen können.

Hosokawa: Das ist wohl wahr.

Yokota: Aber ich glaube, dass Menschen, die solche eine lebensbedrohliche Situation erlebt haben oder die gerade die Erfahrung einer Katastrophe machen, wie dass jemand, der bis gestern noch bei ihnen war, plötzlich gestorben ist, in der Tat erkennen, dass diese Begegnung in dem Moment einmalig war. Ich denke, bei mir gibt es nicht genug Dringendes, um so viel sagen zu können. Wenn man fragt, ob diese Begegnung heute mit Ihnen, Herr Hosokawa, einmalig ist, hat das nichts von der bisher beschriebenen Härte. Wenn ich also nach den Worten „Eine einmalige Gelegenheit im Leben“ gefragt werde, kann ich sie mir, wie schon gesagt, nicht erklären.

Es gibt doch die berühmten Worte „Einen Tag leben" (jap. *Ichinichi gurashi*) von Dōkyō, dem Rinzai-Mönch. Sie bedeuten: „Es ist eine lange Zeit, weil man meint, es sei ein ganzes Leben. Betrachte das eigene Leben heute als einen Tag!" Dies wird durch die Vorstellung gestützt, dass Dōkyō streng mit sich selbst war und damit lebte, Erleuchtung erlangt zu haben. Wie ich schon sagte, es ist überhaupt nicht überzeugend. Daher glaube ich, dass ich nicht mehr dazu sagen kann.

Hosokawa: Wenn ich mir „Lass uns Tee trinken!" ansehe, fällt mir immer die Geschichte von einem gewissen Mönch ein. Es ist mir peinlich zu sagen, dass ich erst kürzlich von Ihnen erfahren habe, dass es sich bei dem betreffenden Mönch um Nanin Rōshi vom Tempel Ryūunin in Hakusan, einem Stadtviertel im Bezirk Bunkyō, handelt.

Yokota: Hm, in Tokyo gibt es die Tempel Ryūunji und Ryūunin. Ihr Tempel, Herr Hosokawa, der Ryūunji, ist sehr groß und hat sogar eine große Haupthalle. Dagegen ist der Ryūunin, obwohl mit den gleichen Schriftzeichen für „Drache" und „Wolke" geschrieben, eher klein, etwa so groß wie ein Winkel des Gartens vom Tempelgelände des Ryūunji. Nanin Rōshi hatte in diesem kleinen Tempel, als einmal ein Besucher kam, selbst Tee für ihn gekocht. Ob er einen Ofen hatte oder ein Kohlenbecken benutzt hat, weiß ich nicht, jedenfalls hat er dort Wasser gekocht und Tee aufgebrüht. Und sobald der Besucher ausgetrunken hatte, hat ihm Nanin Rōshi mit den Worten „Hier bitte!" nochmals eingeschenkt. Obwohl der sagte: „Nein, danke!", hat er ihm randvoll eingeschenkt. Als der Besucher dann: „Oje oje, es läuft schon über, es läuft schon über!" rief, sagte Nanin Rōshi: „Genauso wie Sie. Ihr Kopf ist jetzt so voll mit Wissen. Wenn ich Ihnen in so einem Zustand von Zen erzählte, bliebe nichts drin. Bevor Sie Ihren

Kopf nicht einmal leer machen, geht nichts hinein." Das ist die ganze Geschichte.

Hosokawa: Genau. Für mich entspricht das, was ich bei dem Zen-Ausdruck „Lass uns Tee trinken!" empfinde, genau dieser Geschichte über Nanin Rōshi. Wenn ich die Worte „Lass uns Tee trinken!" sehe, fühlt es sich für mich an, als wenn Nanin Rōshi zu mir sagte: „Bitte, hier haben Sie einen Tee!" Auch Jōshū Oshōs Worte „Lass uns Tee trinken!" bedeuten, bevor man seine Teeschale nicht zuerst austrinkt und leer macht, kann man keinen neuen Tee erhalten. Da Worte letztendlich Hinweise sind, gibt es je nach Mensch verschiedene Auffassungsweisen. Ich denke, wenn man sich auf die Art versteift, wie dieser Rōshi vorgegangen ist und die Worte interpretiert hat, wird man auch wieder weit von der Freiheit des Zen abkommen.

Yokota: Weil ich nur daran arbeite, das, was ich meiner Meinung nach unbedingt vermitteln möchte, auf Zen-Wörter anzuwenden, versuche ich erst gar nicht, diese Zen-Wörter, denen nicht beizukommen ist, anzuführen. Das Gleiche gilt für das *Herz-Sutra* (jap. *Hannya shingyō*). Im Studium war mein Spezialgebiet das dazugehörige *Prajñāpāramitā-Sutra,* was „Sutra von der Weisheit vom anderen Ufer" bedeutet, und die *Prajñā*-Auffassung. Darum hatte ich mich unter anderem mit dem *Aṣṭasāhasrikā Prajñāpāramitā-Sutra,* dem „Sutra der Vollkommenheit der Weisheit in 8000 Zeilen", auf Sanskrit intensiv beschäftigt. Trotzdem verstehe ich es bis heute noch nicht. Ich kann es nicht erklären. Daher habe ich das *Herz-Sutra* in meinen Vorträgen nicht ein Mal erklärt.

Hosokawa: Sie haben an der Universität zum *Prajñāpāramitā-Sutra* geforscht. Ich glaube nicht, dass es heute in Japan jemanden Qualifizierteren als Sie gibt, aber warum ist das eigentlich so?

Yokota: Unter den Gelehrten für Klassisches Chinesisch gibt es Kōda Rentarō[59], der Nanin Rōshi sehr bewunderte. Sein ganzes Leben lang hielt er Vorträge über die großen chinesischen Klassiker, aber es gibt eine Anekdote, dass er nur über die *Gespräche* des Konfuzius keinen Vortrag gehalten hat. Jemand fragte ihn: „Warum halten Sie uns keinen Vortrag über die *Gespräche*?“, worauf er antwortete: „Ich verstehe die *Gespräche* des Konfuzius nicht.“ Damals sagte er: „Schon allein Konfuzius' Schüler Yan Hui ist für mich eine unvorstellbare Person. Da es doch heißt, durch diesen Yan Hui werde Konfuzius undurchschaubar, kann ich mir erst recht nicht erklären, was zum Beispiel die Worte, die Konfuzius erläuterte, bedeuten.“ Ich denke, dies zeigt die Ehrlichkeit eines Gelehrten wie Kōda Rentarō und seine charakteristische Tiefsinnigkeit. Diese Geschichte habe ich als Student gehört und mir gedacht, je weiter ich diesen Weg gehe, desto mehr werde ich meine eigenen Grenzen erkennen können. Das spüre ich heute noch stärker als zu meiner Studienzeit. Je mehr ich mich damit beschäftige, desto weniger kann ich das *Herz-Sutra* erläutern. Genauso wie für mich die Worte „Eine einmalige Gelegenheit im Leben“ sehr schwer zu erklären sind. Je mehr ich mich mit ihnen beschäftigte, erkannte ich diese Unzulänglichkeit und meine eigenen Grenzen. Deshalb erläutere ich nur Dinge, wo ich mich auskenne.

Hosokawa: Ich denke, alle interessieren sich am meisten für das *Herz-Su*tra, und dass es viele Leute gibt, die nur darauf warten, dass Sie ein Buch darüber schreiben.

Yokota: Nein, das ist sehr unwahrscheinlich. Für mich ist bei meinem Titel „Beten des Kannon-Sutra in zehn Versen zur Verlängerung des Lebens“[60] Endstation. (lacht)

Die Weisheit des Nicht-Unterscheidens leben

Hosokawa: Da wir doch gerade auf Ihr Buch „Beten des Kannon-Sutra in zehn Versen zur Verlängerung des Lebens“ zu sprechen kamen, erzählen Sie uns doch bitte etwas über das Gebet. Das Gebet ist, wenn man in einem Tempel lebt, so sehr Teil des täglichen Lebens, dass man es nicht bewusst wahrnimmt. Jemand wie ich war erstaunt, als ich sah, wie unsere dreijährige Tochter bei den Jizō-Statuen ihre Hände faltete. Sie haben im Zusammenhang mit der Corona-Krise auch ein Video mit dem Titel „Gebet“ auf Ihrem *YouTube*-Kanal veröffentlicht. Hierin und wie bei Ihrem gerade genannten Buch betonen Sie die Wichtigkeit des Gebetes an sich.

Wenn ich über das Gebet nachdenke, fällt mir dazu eine Geschichte über ein Gebet um Regen ein. Als sich die Dorfbewohner alle zusammen auf den Weg machten, um für Regen zu beten, nahm nur ein Kind einen Schirm mit, obwohl es ein sonniger Tag war, und fragte: „Warum hat denn keiner einen Schirm dabei, wo doch alle um Regen bitten wollen?“

Yokota: Verstehe. Und diese Geschichte gab es wirklich?

Hosokawa: Ja. Obwohl doch zu erwarten ist, dass alle in der Hoffnung auf Regen zu diesem Gebet gehen, errät ein unschuldiges, naives Kind, dass das Gebet um Regen nur noch der äußeren Form nach besteht. Ich frage mich, ob das vielleicht auch für uns Mönche zutrifft. Wir sind zwar keine solchen „Schneeträger“, wie wir sie in Hakuins Zen-Worten finden, aber wir dürfen das Gefühl nicht vergessen, einen Brunnen mit Schnee zuschütten zu wollen. Selbst wenn man es schafft, den Schnee zum Brunnen zu tragen und diesen zuzuschütten, der Schnee wird schmelzen und der Brunnen wird nicht für immer gefüllt sein. Aber davon unbeeindruckt wird man weitermachen. Die Bedeutung dieses Gefühls wurde in Ihrem Gebets-Video erneut bekräftigt.

Yokota: Natürlich spricht man das Gebet, wie wir sagen, am Hausaltar (jap. *onaibutsu*) allein für sich, wo niemand einen sieht. Das ist einfach grundlegend, nicht wahr? Wenn man nun sagt, dass es ein solches Video nicht extra braucht, dann muss man es nicht machen, allerdings wird dann auch nichts verbreitet. Oder mit den Worten von Suzuki D. T. Sensei: „Die gesamte Lebenszeit ist ein Gebet, das ewig nicht erhört wird." Ich mag diese Worte. Ich denke, in dieser Art und Weise wäre es doch wünschenswert.

Hosokawa: Das ist der Wesenskern der *Vier Bodhisattwa-Gelübde* (jap. *shigu seigan*).[61]

Wenn die Schulung, um den Weg nach Erleuchtung für sich selbst gründlich zu erforschen, darin besteht, ein Schwert nach oben zu schwingen, dann muss dieses Schwert zur Erlösung aller Wesen nach unten geschwungen werden, um die Menschen zu retten. Die Tat dieser wichtigen Erlösung aller Wesen ist nichts anderes als die Praxis des ersten der *Vier Bodhisattwa-Gelübde*. In diesem Sinne können die *Vier Bodhisattwa-Gelübde* als Grundlage für die zum Mahayana-Buddhismus gehörende Rinzai-Sekte bezeichnet werden.

Yokota: Ach, selbst ich werde mir immer wieder meiner eigenen Einfältigkeit bewusst. Jedoch nach dem großen Erdbeben in Ostjapan wollte ich, dass mir das Gebet wirklich bis tief ins Mark eindringt. Deswegen habe ich dieses Buch geschrieben, um die Menschen zum einen über das „Kannon-

Sutra in zehn Versen zur Verlängerung des Lebens" aufzuklären und zum anderen über den Wesenskern dieses Gebets.

Übrigens, das COVID-19-Virus verbreitet sich ja, und wenn ich in die Zeitung schaue oder die Nachrichten im Fernsehen, mache ich mir nur Sorgen wegen der Zahlen. Oh, es gibt eine neue Virusvariante. Was zeigen die betroffenen Personen für Symptome? Ich bin so gefesselt von den wissenschaftlichen Informationen, und wie viele Menschen heute infiziert wurden, dass ich das Gefühl für das Gebet völlig verloren habe. Die Kenntnis wissenschaftlicher Informationen ist natürlich wichtig, und es gibt gar keinen Grund, sie außer Acht zu lassen. Das muss man genau wissen. Aber zum Beispiel sehen wir heutzutage mit der immer besser werdenden Wettervorhersage keine *Teru Teru Bōzu* mehr, die kleinen aus Papier gebastelten Puppen, die schönes Wetter heraufbeschwören sollen.

Hosokawa: Das stimmt. Heutzutage werfen die Kinder auch nicht mehr ihre *Geta*, um das Wetter vorherzusagen.[62]

Yokota: Das gibt's nicht mehr. Wenn sich die Leute heute fragen, wie wohl das morgige Wetter wird, schauen sie auf ihr Smartphone, und wissen dann, bis wohin die Regenwolken ziehen. Obwohl es gerade regnet, weiß man schon, dass es in zwei Stunden aufhören wird. Dann hat man keinen Sinn mehr dafür, einen *Teru Teru Bōzu* zu basteln und für das morgige Wetter zu beten. Aber ich denke auch hier: Ist nicht der sogenannte Wesenskern dieses Gebets wichtig? Ohne es zu merken, war ich geneigt gewesen, einfach nur Informationen zu sammeln. Wenn ich nun wieder, zwar nur als Mönch ohne jegliche Macht, aber voller Demut, aus tiefstem Herzen um das Ende der Infektionskrankheit, die Gesundheit der Menschen in der medizinischen Versorgung und das Seelenheil der Verstorbenen bete, dann tue ich es mit dem Gedanken, dass mich das Schicksal von einigen Menschen erneut dazu antreibt.

Hosokawa: Ich habe in dem Gebets-Video Ihre Ergriffenheit bemerkt. Gleichzeitig hatte ich das Gefühl, wieder an meine Rolle als Mönch erinnert zu werden.

Yokota: Der Zen-Buddhismus neigt dazu, unbewusst das „Erkennen des eigenen Ichs" (jap. *kenshō*) und die Erleuchtung zu betonen, aber er ist niemals ohne das Gebet. So betet man in den Zen-Tempeln auch heute noch jedes Jahr als Dankbekundung aus dem *Mahāprajñāpāramitā*. Allerdings ist es zu so etwas wie einer Gewohnheit geworden. Es bietet großes Potenzial, um wirklich mit dem Herzen zu beten. Unsere Unterweisungen bestehen darin, die eigene Vorteilsbeschaffung zu beenden und sich auf das ursprüngliche Herz Buddhas zu besinnen, zu diesem Zweck praktizieren wir Zazen. Weil beten nicht bedeutet, für sich selbst zu beten, sondern von ganzem Herzen für Sie, also jemand anderen, und diese Welt, trennt man sich für einen Moment von seinem Ego, und der Wesenskern des Gebets ist es doch, zum Herzen von Buddha selbst zu werden. Dann ist es möglich, mit dem Herzen des Buddha in Einklang zu sein. Ich denke, jeder kann es sofort machen, es ist die zuverlässigste Lehre.

Hosokawa: Da stimme ich Ihnen zu.

Yokota: Wenn man Suzuki D. T. Senseis Bücher liest, wird darin die Wichtigkeit einer Welt von Nicht-Unterscheiden erklärt. Zu beten bedeutet wirklich Nicht-Unterscheiden. Ich denke, wenn ich mit einer anderen Person zusammen bete, muss der sogenannte Wesenskern des Gebets wirklich noch etwas besser erklärt werden.

Hosokawa: Heißt das, damit ich ganz bestimmt ein Buch über das *Herz-Sutra* herausbringe? (lacht)

Yokota: Ich lese gerade ein Buch von dem Philosophen Mori Shinzō[63], worin steht, dass man erst dann, wenn man merkt, die Elternliebe nicht erkannt zu haben, diese fortan versteht. Analog dazu frage ich mich, ob ich Zen, Buddhismus und vor allem das *Herz-Sutra* ein wenig begreife, wenn ich merke, dass ich sie nicht verstanden habe. (lacht)

Hosokawa: Aber wenn ich damit anfange, ein Sutra zu kopieren o. ä., will ich schon Klarheit darüber haben, was das *Herz-Sutra* genau bedeutet, alle wollen das.

Yokota: Klarheit ist doch unmöglich.

Hosokawa: Also, auch wenn man die Bedeutung nicht versteht, man konzentriert dabei seinen Geist, rezitiert, wenn man das Gefühl hat zu beten …

Yokota: Genau. Das ist es. Aus dem Grund, weil Erläuterungen mit dem *Herz-Sutra* keiner „Weisheit des Unterscheidens" (jap. *funbetsuchi*) entsprechen. Wenn man es aber genau erklärt und versteht, dann ist es kein *Prajñā*, keine Weisheit mehr. Das nennt man Weisheit des Unterscheidens. Deshalb schreibt man entweder einfach vorbehaltlos, oder man betet genauso ohne Vorbehalt, damit es einem Menschen wieder gut geht. Das Wesen dieses Nicht-Unterscheidens ist lediglich die Manifestation von *Prajñā*. In dem Moment, wo man das *Herz-Sutra* erklärt, logisch und folgerichtig, und jemand dann sagt: „Ah, genau, ich verstehe", ist *Prajñā* tot.

Hosokawa: In der Tat.

Yokota: Das habe ich endlich begriffen. (lacht)

Hosokawa: Dennoch gibt es weltweit Bücher zum *Herz-Sutra*, über das verschiedene Gelehrte geforscht haben. Bedeutet der Erwerb von diesem Wissen, vom Wesen des *Herz-Sutra* getrennt zu sein?

Yokota: Nein, nein, das spielt auf seine Weise eine große Rolle. Über Yamaoka Tesshū[64] ist eine Geschichte überliefert. Als ihn jemand bat, einen Vortrag über die ‚Aufzeichnungen des Linji' zu halten, antwortete Tesshū ihm, er solle diesbezüglich zu Imakita Kōsen Rōshi gehen. Als der andere erwiderte, er habe Kōsen Rōshi bereits über die ‚Aufzeichnungen des Linji' gehört, wolle nun aber unbedingt Yamaoka Tesshū dazu vernehmen, antwortete Tesshū: „Dann folgen Sie mir!", nahm ihn mit in sein Dōjō und trainierte mit ihm Kendō. Nach dem Training zog er seine Schutzrüstung aus und fragte: „Wie waren meine ‚Aufzeichnungen des Linji'?" Als sein Gegenüber ratlos nur ein „Hä?" von sich gab, antwortete Yamaoka Tesshū: „Haben Sie die ‚Aufzeichnungen des Linji' für ein Buch gehalten?"

Hosokawa: Ach, wie klasse!

Yokota: Ich erläutere die „Aufzeichnungen des Linji" nur grob. Wie gesagt, je mehr ich es lese, umso mehr erkenne ich meine eigenen Grenzen, sobald ich es aber analysiere und erkläre, werden die „Aufzeichnungen des Linji" an dieser Stelle schon tot sein.

Es gibt doch eine Geschichte über Hun Dun, die im *Zhuangzi* vorkommt. Es ist die Geschichte über einen König namens Hun Dun. Es heißt, die Könige anderer Länder wollten sich bei Hun Dun für seine Bemühungen bedanken. Da Hun Dun das Sinnbild der Ungetrenntheit war, verfügte er über keinerlei Kopföffnungen, er hatte weder Augen, Ohren, Nase noch Mund. So konnte Hun Dun nichts sehen, nichts hören. Weil die Könige Mitleid mit ihm hatten, fügten sie ihm Tag und Tag eine neue Öffnung hinzu, heute eine Öffnung für ein Auge, am nächsten Tag eine Öffnung für ein Ohr, dann eine Öffnung für die Nase. Aber als am siebten Tag alle Öffnungen für Augen, Ohren, Nase und Mund fertig waren und Hun Dun sich darüber freute, starb er.

Diese Geschichte bringt Unterscheiden und Nicht-Unterscheiden zum Ausdruck. Wenn alles verständlich wird, ist es genau wie vorhin in unserem Gespräch über Technologien. Werden alle Bewegungen der Regenwolken analysiert, wird die Weisheit des Nichtunterscheidens (jap. *mufunbetsuchi*) sterben. Versteht man aber nichts, wird man einfach verzweifelt beten, während man im strömenden Regen klatschnass wird oder einem ähnliches passiert.

Herr Hosokawa, Sie sprachen doch vorhin von der Empfindung des Jungen, am Tag des Regengebetes einen Schirm mitzunehmen. Das ist „Weisheit des Nicht-Unterscheidens" (jap. *mufunbetsu*). Es ist die Welt des Nicht-Unterscheidens, in der wir im wahrsten Sinne leben, und es ist die Weisheit des Nicht-Unterscheidens, die wir schätzen sollten.[65] Ich denke, um in der künftigen Welt des Chaos zu leben, bedarf es nur des Wissens von Hun Dun. Wenn man meint, auf Chaos mit der Weisheit des Unterscheidens reagieren zu wollen, dann kann man es nicht damit aufnehmen. Unsere Stärke ist es, diese Welt des Chaos zu haben. Ich kann es nicht in Worte fassen. Wenn man sie trennt, stirbt diese Welt. Ist es nicht die Stärke von uns Zen-Mönchen, das wir uns angeeignet haben, das *Herz-Sutra* mit ganzem Herzen lesen oder schreiben zu können?

Hosokawa: Stimmt. Es entspricht nicht ganz dem Zen-*Mondō* „Zen-Meister Kyōgen auf dem Baum", nach dem dieser nur mit dem Mund am Ast eines hohen Baumes hängt, während ihm von unten Fragen gestellt werden, doch der Punkt ist, wenn er antwortet und somit vom Baum getrennt wird, stirbt er, richtig?

Yokota: Genau. Ich glaube schon. Denn es gibt Menschen, die blitzschnell verstehen, und solche, denen es erst nach mehreren Versuchen gelingt. Dann gab es einen Zen-Mönch, der den Ausdruck prägte: „Damit das Baby vorerst nicht schreie.“ In der Bedeutung von: „Zuallererst will ich diese Lehre erteilen“, ist es notwendig, bis zu einem gewissen Grad eine Erklärung zu liefern.

Aber letztendlich frage ich mich, liegt es nicht in der Natur von uns Zen-Mönchen, waren es nicht Ihre Worte, Herr Hosokawa, zu Beginn, jemanden Wissen ansammeln zu lassen und ihn dann dahin zu führen, es loszulassen?

Hosokawa: Vielleicht wird das in der Zeit nach Corona für uns am wichtigsten werden.

Yokota: Es ist ein Chaos. Es ist schon eine Welt ohne Erklärungen. Nun, dieser Virus ist wohl ziemlich schwer zu erklären. So ein Chaos. In der Tat ist das Chaos zu leben einfach ein Chaos.

Hosokawa: Gerade deshalb sind das Gebet und der Geist des Glaubens so wichtig.

Yokota: Ja. Aus vollem Herzen. Es handelt sich keineswegs um die Leugnung wissenschaftlicher Erkenntnisse. Es handelt sich auch keineswegs um eine Lehre, die besagt, man müsse die ganze Welt des Unterscheidens auslöschen und in die Steinzeit zurückkehren. Wenn man aber nur die Welt des Unterscheidens kennt, wird die Kette aus Konkurrenz, Angriffen und Hass niemals enden. Ein Gegenentwurf ist die Welt des Nicht-Unterscheidens. Es ist unsere Pflicht zu zeigen, dass die Welt des Gebets auch in der jetzigen Gesellschaft existiert. Müssen wir nicht die Menschen anleiten, damit die Welt, in der man Zazen praktiziert und zu absoluter Gelassenheit kommt, auch im Alltagsleben bestehen kann?

Auch wenn es Leute gibt, die der Meinung sind, dass man per *Zoom* kein Zazen machen könne, dieses Zazen sei nicht lebendig – ob es nun *Zoom* ist oder was auch immer, ich glaube, was man dort erlebt, ist Zen.

Hosokawa: Ganz genau. Haben Sie vielen Dank!

Yokota: Ich weiß nicht, ob diese Art von Gespräch für Sie von Nutzen sein wird, aber ich für meinen Teil denke, dass wir es noch weiter vertiefen sollten. Wenn Sie irgendwann, nicht nur bei dringender Notwendigkeit, das Bedürfnis haben sollten, würde ich gerne mit Ihnen zusammenarbeiten, um ein wenig von Nutzen sein zu können. Haben Sie vielen Dank!

Nachwort

„Möchten Sie nicht einmal ein Gespräch mit Herrn Suzuki Toshio vom Studio Ghibli führen?"

Mit diesem Brief fing alles an. Darüber hinaus auch noch die Möglichkeit zu bekommen, dieses Buch zu veröffentlichen, war für mich als alter Fan der Ghibli-Filme ein wahr gewordener Traum.

Es begann mit dem Gespräch mit Suzuki Toshio in der Monatszeitschrift *Nagomi* des Tankōsha Verlages, und schließlich hatte ich meinen ersten Auftritt auf dem Frontdeckel der japanischen Ausgabe von Suzuki Toshios Buch „Zen und Ghibli", auf dem ich von hinten abgebildet bin. Zu dieser Zeit kam ich mit dem Buch, an dem ich arbeitete, nur mühsam voran. Um mir den Weg zu weisen, erhielt ich von Suzuki Toshio die Chance, in *Neppū,* der Zeitschrift von Studio Ghibli, eine Artikelreihe zu veröffentlichen.

In wollte in den Ghibli-Werken Zen ausfindig machen. Als ich mir die Zeit nahm, mir meine Lieblings-Anime von Ghibli noch einmal anzusehen, entdeckte ich darin Tiefgründigkeit sowie viele neue Erkenntnisse, die mir früher nie aufgefallen waren.

Während ich mich nun damit auseinandersetzte – ich bin älter geworden, inzwischen Zen-Mönch und Vater –, empfand ich Handlungen, Dialoge, Szenen und Charakterdarstellungen, jeden Aspekt für sich, ganz anders als früher.

Das, was ich beim Sehen dieser Filme demütig empfunden habe, wollte ich mit Zen-Worten ausdrücken. Es kam einer Zen-Schulung gleich, bei der man den Geist, der nicht in Worte gefasst werden kann, und die Wörter, die als Zen-Ausdruck bezeichnet werden, vertieft. Ich nähere mich, ohne sie zu erklären, diesen Zen-Worten an, genauer dem Konzept, das sie enthalten, und gehe diesem auf den Grund. Obwohl ich diese Zen-Ausdrücke wirklich schon oft gesehen habe, musste ich feststellen, dass sich das, was übermittelt wird, mit einem leichten Perspektivwechsel komplett verändert.

Während meiner Artikelreihe erhielt ich jedes Mal einen höflich formulierten Brief mit konstruktiver Kritik von Yokota Nanrei Rōdaishi, dem Hauptabt des Engakuji-Tempels in Kamakura, der auch in dem Gespräch am Ende dieses Buches vorkommt. Jeder einzelne Brief war für mich ein großer Ansporn. Vor allem die Worte „selbst an einem Ort ohne Zen gibt es Zen“ sind mir noch im Gedächtnis geblieben.

Der Geist des Zen, den wir zu erlangen suchen, war nicht nur in alten buddhistischen Schriften und in den Zen-Ausbildungs-Dōjōs zu finden. Was wir suchen, war immer in unserer Reichweite. Für gewöhnlich bemerken wir es nur nicht.

2020 ist für uns wahrscheinlich ein Jahr, das wir nicht vergessen werden. In einer Zeit, wo die Zukunft völlig ungewiss ist, lässt sich die Angst um das Leben nicht so leicht abschütteln. Doch gerade in Zeiten wie diesen gibt uns die vielversprechende Botschaft der Ghibli-Filme – „Diese Welt ist lebenswert“ – einen sanften Ruck.

Wenn etwas Unerwartetes geschieht, sind wir natürlich total verwirrt. Aber wie oft ist das Leben schon so verlaufen, wie man es sich bis dahin vorgestellt hat? Wenn nur die erwarteten Dinge einträten, bliebe uns nichts Anderes übrig, als einzig auf das festgelegte Hier und Jetzt konzentriert zu leben.

So jedoch werden uns die Zen-Worte, für die die Zen-Altvorderen ihr Leben gegeben haben, gewiss eine helfende Stütze sein. Für mich als Zen-Mönch gäbe es nichts Schöneres, wenn auch nur einer der hier aufgegriffen Zen-Ausdrücke Ihr Leben bereichern könnte.

Unter all dem, was wir in unserem bisherigen geschäftigen Leben übersehen haben, muss es gewiss etwas geben, das uns auf uns selbst schauen lässt. Deshalb halte ich es für notwendig, dass wir das schlechte Schicksal in Form dieser Infektionskrankheit sogar als Bindeglied zu dieser Erkenntnis betrachten.

Zu guter Letzt möchte ich mich von ganzem Herzen bei Suzuki Toshio dafür bedanken, dass er den Kontakt zu meinem geliebten Studio Ghibli hergestellt hat, und auch diesmal für seine wunderbaren und entzückenden Illustrationen, ebenso bei Yokota Nanrei Rōdaishi für seine bereitwillige Erlaubnis, unser Gespräch zu veröffentlichen, auch bei Tai Yukari für seine große Hilfe, aus der Artikelreihe in *Neppū* dieses Buch möglich zu machen, und bei Yokosuka Taku für die Gestaltung des Buches. Ein großer Dank geht auch an den Shōkokuji-Tempel, die „Zehn Ochsenbilder“ veröffentlichen zu dürfen.

Und vielen Dank an alle Leser, die bis zum Schluss dabeigeblieben sind.

Endnoten

---

[1] Beim *Daruma otoshi* wird versucht, mit einem Hämmerchen von einem Turm aus runden Holzscheiben die jeweils unterste Scheibe herauszuschießen, ohne dass der Turm mit dem Daruma-Kopf zuoberst umkippt. (Anm. d. Übersetzerin)

[2] *San* ist der Rufname von Prinzessin Mononoke. (Anm. d. Ü.)

[3] Am 11. März 2011. (Anm. d. Ü.)

[4] Dichter, 1886 –1942. (Anm. d. Ü.)

[5] Gebiet in Westjapan. (Anm. d. Ü.)

[6] Interview in *SPUR*, Shūeisha Verlag, 2017, Nr. 11.

[7] An *Higan* gibt es sieben Tage andauernde buddhistische Feiertage, die drei Tage vor der jeweiligen Tagundnachtgleiche im Frühjahr und Herbst beginnen. (Anm. d. Ü.)

[8] Oshō ist im Zen-Buddhismus eine respektvolle Anrede für einen hochrangigen Mönch oder für einen Mönch, der einen Tempel leitet. (Anm. d. Ü.). Die ursprünglich chinesischen Namen der Mönche wurden japanisiert.

[9] „Ghibli-Lehrbuch: Kikis kleiner Lieferservice“ (jap. *Jiburi no kyōkasho: Majo no takkyūbin)*, Bunshun-Ghibli-Bunko Verlag.

[10] „Der große Widerspruch: Sehen Sie alle Werke von Hayao Miyazaki“ (jap. *Ōi naru mujun: Miyazaki Hayao zensakuhin wo mite*) aus der DVD-Box „Die Werksammlung von Regisseur Miyazaki Hayao“ (jap. *Miyazaki Hayao kantoku sakuhinshū*).

[11] Im Vorwort der alten Ausgabe von „Horch, Poseidons Stimme – Aufzeichnungen gefallener japanischer Studenten“ (jap. *Kike wadatsumi no koe: nihon senbotsu gakusei no shuki*), Iwanami-Bunko.

[12] Jap. *Yamanoue Sōji ki.*

[13] Jap. *Chanoyu ichie shū.*

[14] Übersetzt von und mit Dank an Thilo Mardaus.

[15] Jap. *Rūju no dengon*, erschienen bei Kadokawa Bunko.

[16] Jap. *Nabe kaburi Nisshin.*

[17] Aus der Pressemitteilung zu *Die letzten Glühwürmchen*, 1987.

[18] *Die letzten Glühwürmchen*, Bunshun-Ghibli-Bunko Verlag.

[19] Denn neben der heute vorrangigen Schreibweise mit den chinesischen Schriftzeichen für „Siebenter Abend“ existiert auch eine Schreibung, die sich aus den Schriftzeichen für Gestell und Banner zusammensetzt. (Anm. d. Ü.)

[20] Aus: Filmskizze zu *Mein Nachbar Totoro*

[21] Jap. *Inja wo tazunete awazu.*

[22] Gemeint ist, die mentalen Befleckungen, *Klesha* genannt, die als Ursache des Leidens gelten, zu beseitigen. (Anm. d. Ü.)

[23] *Neppū*, Studio Ghibli, 2016, Nr. 10.

[24] Masutani, Fumio: „Hundert Geschichten des Buddhismus“ (jap. *Bukkyō hyakuwa*), Chikuma Bunko Verlag.

[25] Jap. *Bashō rinjūki, hanaya nikki.*
[26] *Nagomi*, Tankōsha Verlag, 2017, Februarausgabe.
[27] Jap. *Kimitachi ha dō ikiru ka.*
[28] Das Herz oder die Essenz Buddhas. (Anm. d. Ü.)
[29] Ich denke, der Autor meint „manifestieren" oder „verwirklichen", da die Buddha-Natur nach verbreitetem Zen-Verständnis eingeboren ist und kein zu erlangendes Ziel darstellt. (Anm. d. Verlegers)
[30] Ueda Shizuteru, Yanagida Seizan: „Die zehn Ochsenbilder" (jap. *Jūgyūzu*), Chikuma Shobō Verlag.
[31] Jap. *Red Turtle ni yosete.*
[32] *Neppū, Studio Ghibli, 2016, Nr. 10.*
[33] *Neppū*, Studio Ghibli, 2016, Nr. 10.
[34] Bereits in der Heian-Zeit (794-1185) feierte der Adel den Mond mit Musik und Gedichten. Dabei versuchte man die Spiegelung des Mondes im Sake-Becher herunterzuschlucken. (Anm. d. Ü.)
[35] Auch Yagyū Munenori, 1571–1646. (Anm. d. Ü.)
[36] *Takuan: Fudōchi Shinmyōroku*, Tachibana Verlag. Deutsch in: *Takuan Sôhô: Das Tor zur heiteren Gelassenheit*. Angkor Verlag 2007. (Anm. d. V.)
[37] Deutsche und deutsch-vietnamesische Ausgabe unter dem Titel *Linji Yulu (Rinzai Roku)* im Angkor Verlag. (Anm. d. V.)
[38] Jap. *Okareta basho de sakinasai*, Gentōsha Verlag.
[39] Aus dem Schlusslied von *Chihiros Reise ins Zauberland*: „Immer und immer wieder" (jap. *Itsumo nando demo*).
[40] „Miyazaki Hayao: Intention des Films" (jap. *Miyazaki Hayao: Kono eiga no nerai*), aus dem Programmheft von *Chihiros Reise ins Zauberland*).
[41] Jap. *Zen to Jiburi*, Tankōsha Verlag.
[42] Studio Ghibli.
[43] Siehe die Bücher *Den Menschen befreien* von Bassui und *Eihei kôroku* von Dôgen Zenji im Angkor Verlag. (Anm. d. V.)
[44] Bis 1902 folgte die Altersberechnung in Japan der Zählweise, dass man bei der Geburt bereits ein Jahr alt war und zum Jahreswechsel ein Jahr älter wurde. Dieses traditionelle System reichte noch bis in die 1950er Jahre und findet heute noch bei einigen älteren Menschen und in ländlichen Gebieten Anwendung. (Anm. d. Ü.)
[45] „Spaß bei der Arbeit" (jap. *Shigoto dōraku*). Neuauflage, Iwanami-Taschenbuchausgabe.
[46] „Zen und Ghibli", Tankōsha Verlag.
[47] Aus der Filmbroschüre von *Stimme des Herzens – Whisper of the Heart.*
[48] Jap. *Miyamoto Musashi*, Shinchōsha Verlag.
[49] „Zen und Ghibli", Tankōsha Verlag.
[50] *Animage*, Tokuma Shoten Verlag, 1995, Septemberausgabe, aus dem Interview mit Miyazaki Hayao zu *Stimme des Herzens – Whisper of the Heart.*

[51] Miyazaki bezieht sich hier auf den damaligen Arbeitstitel „Der Junge Pazu – Das Rätsel des Flugsteins“ (jap. *Shōnen Pazu – hikōseki no nazo*). (Anm. d. Ü.)
[52] Aus dem Projektentwurf *Das Schloss im Himmel.*
[53] Rōshi ist im Zen-Buddhismus ein Titel für besonders erfahrene Lehrer. (Anm. d. Ü.)
[54] Geb. 1954, Fukyōshi-Mönch der Sōtō-Sekte, der auch als Übersetzer tätig ist.
[55] Daisetsu Teitaro Suzuki (1870–1966), Buddhologe, der auf Englisch Bücher über Zen veröffentlichte und damit Zen in der Welt bekannt machte.
[56] Diese Hände können je nach Interpretation entspannt nichts tun, aber auch Segen spenden und Leben retten. (Anm. d. V.)
[57] Chichi Verlag.
[58] Worte der Aufmunterung, um sein Ziel im Auge zu behalten und weiterzukommen. Denn selbst wenn man glaubt, es geschafft zu haben, hat man noch einen langen Weg vor sich. (Anm. d. Ü.)
[59] 1874–1963. (Anm. d. Ü.)
[60] Jap. *Inori no enmei jikku kannongyō*, Shunjūsha Verlag.
[61] Die vier Bodhisattwa-Gelübde: *Shujō muhen sei gan do* (Die Zahl der Wesen ist unendlich; ich gelobe, sie alle zu erlösen), *Bon no mujin sei gan dan* (Gier, Hass und Unwissenheit entstehen unaufhörlich; ich gelobe, sie zu überwinden), *Ho mon muryō sei gan gaku* (Die Tore des Dharma sind zahllos; ich gelobe, sie alle zu durchschreiten), *Butsu do mujō sei gan jo* (Der Weg des Buddha ist unvergleichlich; ich gelobe, ihn zu verwirklichen).
[62] Bei dem sogenannten *Geta uranai*-Spiel wird eine Holzsandale direkt vom Fuß weggeschleudert. Je nachdem, wie sie auf dem Boden aufkommt, wird daraus das Wetter für den nächsten Tag bestimmt. (Anm. d. Ü.)
[63] 1896–1992. (Anm. d. Ü.)
[64] Politiker vom Ende der Edo-Zeit bis in die Meiji-Zeit hinein; Philosoph; tat sich im Zen, der Schwertkunst und Kalligraphie hervor.
[65] Da der Junge sich vor dem Regen mit einem Schirm schützen will, kann man durchaus davon sprechen, dass er „unterscheidet“, nämlich lieber nicht nass werden will. In klassischen Zen-Texten wie *Sandōkai* und *Hōkyō Zanmai* wird deshalb genauer die Vorstellung der „Unterscheidung innerhalb der Un-Unterscheidbarkeit“ entworfen; es ist also nötig, auch im Nicht-Unterscheiden sich eine Unterscheidungsfähigkeit zu bewahren. (Anm. d. V.)

Danksagungen

RA Flick
Lisa Hardinghaus
Britta Sonnenfroh
Lars Böhmer
Jonathan Hart